财政部规划教材
全国高职高专院校财经类教材

政府采购基础与实务

韩宗保　主编

中国财政经济出版社

图书在版编目（CIP）数据

政府采购基础与实务/韩宗保主编．—北京：中国财政经济出版社，2010.8
财政部规划教材．全国高职高专院校财经类教材
ISBN 978－7－5095－2393－3

Ⅰ.①政…　Ⅱ.①韩…　Ⅲ.①政府采购－中国－高等学校：技术学校－教材
Ⅳ.①F812.45

中国版本图书馆 CIP 数据核字（2010）第 148875 号

责任编辑：李昊民　　　责任校对：李　丽
封面设计：陈　瑶　　　版式设计：兰　波

中国财政经济出版社 出版
URL：http：//www.cfeph.cn
E－mail：cfeph@cfeph.cn

社址：北京市海淀区阜成路甲 28 号　邮政编码：100142
发行处电话：88190406　财经书店电话：64033436
北京财经印刷厂印刷　　各地新华书店经销
787×1092 毫米　16 开　11.5 印张　275 000 字
2010 年 9 月第 1 版　2010 年 9 月北京第 1 次印刷
定价：20.00 元
ISBN 978－7－5095－2393－3/F·1925
（图书出现印装问题，本社负责调换）
本社质量投诉电话：010－88190744

编写说明

本书是财政部规划教材，由财政部教材编审委员会审定，作为全国高职高专院校财经类教材。

《政府采购基础与实务》是根据《财政部2009—2010年学历教材建设计划》的要求编写的，是高职高专财经类院校财政专业的专业主干课程和其他财经类专业的专业必修及选修课。本教材主要面向高职高专财经类院校的学生，也可以作为广大经济工作者的学习和参考用书。

教材依据政府采购管理工作的程序性特征，涵盖了政府采购制度建设的主要内容，重点阐述了政府采购制度的基本知识、基本业务和基本理论，包括政府采购制度的形成和发展，政府采购和政府采购制度的概念，政府采购当事人的权利和义务，政府采购的目标、特征、原则、管理体系、管理程序、执行程序、招投标实务、信息管理、集中采购管理、预算管理、质疑和投诉管理、监督管理等内容。

教材内容吸取了我国政府采购理论及实际工作者的一些研究成果，适当借鉴了西方国家的一些政府采购理论，充分结合了我国政府采购制度改革的客观实践，吸收了当前我国财政和政府采购制度改革的最新内容。我们力求突出定位的准确性、内容的基础性、知识的实用性、实务的操作性、结构的合理性、形式的新颖性和行文的简洁性等特点。通过教学和实训，使学生熟练掌握如何监管政府采购执行活动，如何开展政府采购管理和执行活动，如何操作使用政府采购政策工具。

本书由河南财政税务高等专科学校的韩宗保担任主编，河南财政税务高等专科学校的金克明和王建军担任副主编。韩宗保编写第一、七章初稿；金克明编写第五、八章初稿；王建军编写第二、九、十章初稿；河南财政税务高等专科学校的李硕编写第三、四、六章初稿。主编提出编写大纲和编写体例，并最后修改总纂定稿。

本书得到了财政部干部教育中心以及财政部教材编审委员会专家的具体指导；教材内容引用了有关专家和作者的论点，在此我们一并表示衷心的感谢。

编　写　说　明

为了加强对教学内容的理解，我们还编写了配套的电子课件，用书学校任课老师请登录如下网址：http：//www. zgcjjy. com（或 www. 中国财经教育网 .com），进入“下载专区”即可。

限于水平和时间，教材难免出现误漏之处，敬请批评指正。

编　者

2010 年 6 月

目录

第一章
政府采购概述

学习目标

- □ 了解政府采购法适用范围
- □ 了解政府采购管理体系
- □ 了解政府采购目标
- □ 了解政府采购的特征和原则

第一节
政府采购制度的产生与发展

政府采购是随着国家的出现而产生的。政府采购制度则是随着国家对政府采购行为的规范化管理而逐步形成的。特别是随着世界经济一体化的形成和发展，政府采购由封闭走向开放，成为世界贸易自由化中的一个重要领域。

一、政府采购的产生

政府采购的产生早于政府采购制度的产生。采购历史非常悠久，自从人类社会开始从事商品交换活动，采购活动也就随之产生，当时的采购主体主要是个人、家庭和原始部落。

随着国家的产生和发展，采购主体出现了多元化，包括政权机构、企业、团体、家庭和个人，当时政权机构的采购就是现在政府采购的雏形。自政权机构采购出现后的相当一段历史时期，只是存在政府采购行为，而不是一种制度，其主要特点是采购规模较小、范围窄，而且是分散进行的，没有统一的规范。

二、政府采购国际化

在关贸组织“乌拉圭回合”谈判期间，对《政府采购守则》内容进行了大幅度的调整，形成了《政府采购协议》（简称《协议》，下同）。《协议》中规定，采购实体不仅包括中央政府，还包括地方政府以及公用事业单位，并相应规定了中央政府、地方政府、公用事业单位采购货物、工程和服务的门槛价。

《协议》于1996年1月1日正式生效实施。《协议》仅对签字成员国有约束力，许多发达国家先后签署了《协议》。《协议》成员国希望有更多的国家加盟，并采取一些强制措施迫使想加入世界贸易组织的国家签署《协议》。

在原关贸组织开始就政府采购市场的开放问题进行多边谈判的同时，许多区域性组织也将政府纳入地区贸易自由化之中。如亚太经济合作组织（简称 APEC，下同），根据1995年12月 APEC 部长级会议和领导人非正式会议通过的《大阪行动纲领》，将政府采购列为 APEC 贸易投资自由化与便利化的15个具体领域之一。

纵观西方政府采购制度的历史发展，可以得出以下三点结论：一是政府采购制度是市场经济的必然产物；二是政府采购制度是政府干预市场的产物；三是建立政府采购制度是世界经济一体化的要求。

三、我国政府采购制度的形成和发展

我国政府采购制度改革始于20世纪90年代中期，虽然时间不长，但进展很快。经历了研究探索、试点初创、由试点转向全面推行、全面推行四大阶段。以《中华人民共和国政府采购法》（简称《政府采购法》，下同）的颁布实施为标志，政府采购制度体系逐步走向成熟和健全。

从2003年开始至今是我国政府采购制度形成和发展的第四阶段，即进入全面推行阶段。以政府采购法从2003年1月1日实施为标志，我国政府采购制度改革由试点进入了全面推行阶段，全国政府采购工作开始步入新的发展时期。政府采购法实施以来，国家高度重视政府采购法的贯彻实施工作，及时对政府采购法的贯彻实施作出全面部署，确定政府采购制度改革的方向和工作重点，为我国深入开展政府采购制度改革工作指明了方向。

第二节 政府采购和政府采购制度

一、政府采购概念

（一）政府采购的一般概念

理解政府采购概念必须先弄清楚采购的涵义。采购一般是采购人或采购单位基于各种目的和要求购买货物、工程和服务的交易行为。它具有明显的商业性。依据采购主体和目的的不同，可将采购分为政府采购和商业采购。政府采购是以政府机构或履行政府职能的部门为采购主体，以为社会提供公共服务或满足日常政务活动为目的的交易行为。由于政府部门往往是公共部门的核心及代表，所以政府采购又称“公共采购”。

想一想：

政府采购与一般采购行为有什么不同？

政府采购的概念因各国的国情不同而不同。一般表述为：政府采购是指各级政府及其所属机构为了开展日常政务活动或满足公共服务的需要，以法定方式和程序，使用公共资金获取货物、工程和服务的行为。具体包括采购主体、采购目的、采购手段、采购资金和采购对象等五要素。

（二）我国政府采购概念

按照我国政府采购法规定，政府采购是指国家机关、事业单位和团体组织，使用财政性资金采购依法制定的集中采购目录以内的或者采购限额标准以上的货物、工程和服务的行为。要全面、准确和完整地理解我国政府采购的概念，必须结合政府采购法的适用范围来进行。

我国政府采购法明确规定了本法的适用范围。由于我国的法律没有明确区分公法和私法，现行政府采购法的适用范围，主要是按照机构性质与资金性质共同确定的。凡是同时符合以下这些要素的采购项目，都属于政府采购项目，必须依照政府采购法开展采购活动。按照政府采购法规定，决定其适用范围的因素主要有：地域范围、采购人范围、采购资金范围、采购项目范围、采购形式范围、采购对象范围和例外范围等 7 个方面。

1. 地域范围。在中华人民共和国境内发生的政府采购活动。

2. 采购人范围。采购人是指各级国家机关、事业单位和团体组织。

3. 采购资金范围。采购人依照法律规定开展采购活动的采购项目资金应当是财政性资金，包括财政预算资金和纳入财政管理的其他资金。

4. 采购项目范围。只有纳入了集中采购目录以内或者限额标准以上的项目，才要求执行政府采购法。

5. 采购形式范围。采购形式是指以合同方式有偿取得货物、工程和服务的行为，包括购买、租赁、委托、雇用等。

6. 采购对象范围。采购对象是指采购人采购的货物、工程和服务。

讨论一下：

政府采购工程为什么不包括网络工程、信息工程？

7. 采购例外范围。有以下四类情况：一是军事采购。军事采购要根据政府采购法有关原则性规定另行制定管理和实施办法；二是使用国外资金采购。贷款方、资金提供方与中方达成的协议对采购的具体条件另有规定的，可以适用其规定；三是紧急、安全和秘密采购。即对因严重自然灾害和其他不可抗力事件所实施的紧急采购和涉及国家安全、秘密的采购，不适用政府采购法；四是特别行政区采购。即我国的香港、澳门两个特别行政区的政府采购，根据特别行政区基本法有关规定，不适用政府采购法。

二、政府采购制度

（一）政府采购制度概念

政府采购制度，也称“公共采购制度”，是对政府采购行为进行管理的一系列政策、法规、组织体系和程序等内容的总称。其基本内容体现在以下四个方面：

1. 政府采购政策。即政府采购的目的、采购调控目标的确立等方面的规定。

2. 政府采购法规。主要表现为各国分别制定的政府采购法。其内容主要包括总则、当事人、招标、决标、异议及投诉、履约管理、验收、处罚等内容。

3. 政府采购程序。即采购人采购计划的拟定、审批、执行、采购方式、签订采购合同、价格确定、履约时间、地点、方式和违约责任等方面的规定。

4. 政府采购组织管理体系。即政府采购监管机构、监督机构与仲裁机构的设置，争议与纠纷的协调与解决等规定。

（二）我国政府采购制度建设

1. 建设成效。政府采购法颁布实施后，政府采购制度改革取得重大进展，依法管理、依法采购水平迅速提高，政府采购制度改革由初创转入全面发展，开创了我国政府采购工作的新局面。总结归纳起来，可以说政府采购制度改革取得了9个方面的突出成绩：

想一想：

如何辩证认识我国政府采购制度建设取得的成绩？

（1）政府采购范围和规模不断扩大，经济效益和社会效益大幅提高。全国政府采购规模由2002年的1009.6亿元到2009年突破7000亿元，累计节约财政资金3000多亿元。

（2）政府采购法律制度框架基本形成。政府采购法颁布实施以来，截至2009年，财政部制定了《政府采购货物和服务招标投标管理办法》等配套规章和规范性制度30多个，初步建立了以政府采购法为统领的政府采购法律制度体系。

（3）政府采购管采分离成效显著，管理体制初步建立。按照法律要求，全国政府采购管理机构与操作机构分离工作取得了阶段性进展，并初步建立了采购管理机构统一监管下的集中采购机构和采购单位具体操作执行的采购管理体制。

（4）政府采购政策功能实施取得重大突破，初步实现了由单一管理目标向政策目标的转变。从2004年开始，财政部先后在扶持采购节能产品、环境标志产品、自主创新产品、保护国家信息安全和采购国货产品等领域实施了政府采购政策，取得了积极成效。

（5）集中采购工作逐步加强，形成了以集中采购为主要实施形式的采购格局。集中采购规范化和科学化程度不断提升，集中采购效果更加显著，已经形成了以集中采购为主、部门集中采购和分散采购为辅，三种形式并行、相互补充的采购格局。2008年通过集中采购机构实施的政府采购规模为4050亿元，占采购总规模的67.6%。

（6）依法采购水平全面提升，公开透明的采购运行机制逐步形成。2008年，全国采用公开招标方式的采购规模占全国采购总规模的71.6%。

（7）监管工作进一步加强，促进了廉政建设。各级财政、纪检监察、审计部门按照各自职责开展了对政府采购活动的监督检查，有效地遏制和预防了腐败行为的发生，形成了政府采购与廉政建设的良性互动机制。

（8）对外交流不断拓展，应对政府采购国际化能力不断提高。

（9）培养形成了一支专门从事政府采购工作的干部队伍。

2. 存在问题。我国开展政府采购制度改革只有10多年，截至2009年，有法律作保障的仅有7年。目前进展状况与建立完善的政府采购制度的要求还有不小的差距，突出体现在：一是仍有一些地方和部门对政府采购制度改革认识不到位，存有抵触情绪，有的甚至规避和干预政府采购活动；二是政府采购法律制度体系尚不健全，具体操作规程规定还不严密，有关法律之间的规定还存在不协调的地方；三是政府采购范围和规模仍需扩大，一些法律规定的采购项目还未纳入政府采购管理范围；四是政府采购运行机构还有待于进一步完善，操作执行环节还存在不规范问题；五是集中采购竞争程度低，效率和质量有待提高；六是政府采购疏于监督的现象比较突出，监督处罚的力度还有待于进一步加大；七是采购人员职业素质和能力还不能适应改革需要等等。

3. 完善对策。今后一个时期，深化政府采购制度改革的基本思路是：实现采购管理精细化、采购行为规范化、采购权责明晰化、采购监督科学化、采购手段电子化、采购人员专业化。主要任务有以下六个方面：一是继续推进制度建设与创新，建立完善的政府采购制度管理体系；二是继续推进操作执行规范管理，建立科学的采购运行机制；三是继续推进监管方式创新，建立监督有力的动态监控体系；四是坚持采购规模和效益并重，健全采购方式；五是继续推进队伍素质建设，逐步建立政府采购执业资格制度；六是加大电子化采购平台建设，建立统一的政府采购管理交易系统。

第三节 政府采购目标

一、政府采购一般目标

政府采购对单个采购实体而言，是一种微观经济行为。如果将政府作为整体而言，政府采购就成为一种宏观经济手段，通过政府采购，政府可以将宏观调控和微观经济行为结合起来，以实现政府的重大政策目标。包括经济效益、宏观调控、保护民族产业、保护环境、稳定物价、促进就业、加强国有资产管理、促进贸易自由化和公平竞争等目标。

（一）经济效益目标

经济效益目标即实现经济有效性和竞争性。政府是国内最大的单一消费者，通过建立政府采购制度，将政府采购资金的使用商业化，即通过公共竞争，降低采购成本，获得价廉物美的商品。国际经验表明，通过竞争采购，采购资金的节约幅度通常在10%以上，有助于实现少花钱多办事的经济效益目标。

（二）宏观调控目标

宏观调控目标即政府通过调整采购政策或规模，间接调节国民经济运行状况。政府采购作为重要的财政政策手段，与相关经济政策手段配合使用，以实现国家在不同时期经济社会发展的系列目标。实现宏观调控目标，可选择的手段主要有：一是规模采购。政府通过调整采购总规模，调节国民经济的运行状况。二是结构采购。政府通过调整采购结构，达到调整产业结构的目的。三是储备采购。即通过储备性采购来稳定市场物价。四是示范采购。通过示范性采购来引导市场变化，提高其市场占有率。五是比例采购。即通过规定不同级次政府采购总规模中不同规模、不同类型企业所占比例，来起到保护中小企业的发展，对残疾人、妇女及少数民族所办企业进行照顾和鼓励。

想一想：

政府采购政策手段与其他财政政策手段的关系如何？

（三）保护民族产业目标

许多国家通过立法，强制要求政府采购购买本国产品，以实现保护民族产业的目标。如美国在1933年颁布了《购买美国产品法》，该法所称的“美国产品”，是指最终产品中美国零部件含量不少于50%的产品。该法的宗旨是“扶持和保护美国工业、美国工人和美国投资资本”，要求美国政府购买本国的货物和服务。目前，美国已经加入了世界贸易组织的《政府采购协议》，《购买美国产品法》仍对未加入《政府采购协议》的国家适用，即使是世贸组织的成员，对某些领域仍在进行保护。又如泰国的法律规定，如果本国的产品符合国家标准，只要价格不高于其他国家产品的10%，则要优先购买本国产品。当然，政府采购对国内产业的保护，并不是对每个企业都实行同等水平的保护，而是保护先进企业，不保护落后企业，政府通过购买本国产品，是以竞争为基础的，实行优胜劣汰，从整体上提高国内企业的竞争力，重点培育一批有实力的企业和产品。

（四）保护环境目标

在现代社会，环境问题日益引起各个国家的高度重视，并制定了大量的相关法规，以保护人类赖以生存的环境。保护环境的法规落实情况并不理想，在公众环保意识尤其是法人环保意识不强的情况下，还需要采取必要的手段促使他们执行国家的环保法规和政策。政府采购就是必要手段之一，政府通过制定环保产品、节能产品、绿色产品等产品清单，对所采购的产品或拟建的工程，提出有利于环境保护的指标和要求，不符合规定指标和要求的产品不得采购。例如规定政府购车的排量，明确不能购买在生产过程中产生污染的厂家的产品等。我国香港特区就有规定，对于办公用纸的采购，要优先采购再生纸张。

（五）稳定物价目标

根据国际惯例，稳定物价主要是指粮食价格和原材料价格，政府通过对储备物资的采购和吞吐，调节物价水平。在粮食方面，政府按保护价从农民手中收购粮食，同时规定市场售价的最高价，如果出现投机，政府可以动用储备粮，平抑市场价格。在原材料方面，政府在某些原材料充裕或国际市场上价格合理的情况下，进行储备采购，一旦这些材料出现短缺或者国际市场上价格偏高时，政府将按合理价格出售。一般来说，政府对能够购买储备原材料的企业有一定的规定，主要是中小企业，政府通过对储备物资的吞吐，既能稳定物价，又能保护生产者和消费者的利益。

（六）促进就业目标

政府采购对就业的促进主要体现在以下几个方面：一是鼓励向一些特殊企业购买产品，这里的特殊企业包括残疾人企业、妇女企业以及少数民族企业；二是对参与采购竞争的企业进行资格审查，如果该企业存在歧视妇女和残疾人的情况，则取消其资格；三是对于拿到政府采购合同的企业，要求其接收一定数量的人员就业，或不接受就业，但需要交纳一定人员的社会保险费。在特殊时期，尤其是经济萧条时期，政府可能通过扩大基本建设来增加就业机会。

（七）促进国际贸易目标

政府通过加入国际性或区域经济组织政府采购协议，使国内企业以较优惠的条件进口原材料，同时也为国内企业开辟了新的市场，让国内企业到国外的政府采购市场上争取合同，增加出口，促进国际贸易。

（八）加强国有资产管理目标

在政府采购对象中，相当一部分属于国有资产。这些资产包括存量资产和新增资产，都包含在政府采购信息库之中。因为每一项采购合同包括品名、数量等。在合同形成前要报政府采购监管部门立项，在合同形成后要报政府采购监管部门备案，采购实体在申请购买新资产替代旧资产时，在申请立项时也要做出说明，资产的处理收入都要上交国库。这些规定和要求，使财政部门能够全面掌握国有资产的情况，有利于强化对国有资产的管理，防止国有资产的流失、闲置和浪费。

讨论一下：

实行政府采购制度改革对于加强国有资产管理起什么作用？

（九）公平竞争目标

规范交易行为，促进公平竞争也是政府采购的重要政策目标之一。通过建立和完善政府制度，使各种交易活动在公开、公正、公平和竞争的基础上开展，消除歧视行为，稳定市场秩序，保护广大供应商和政府的利益。

二、我国政府采购目标

发挥政府采购的宏观调控作用，是国际上的通行做法。我国政府采购法规定了政府采购的政策取向，也就是我国政府采购要实现的宏观调控目标。这些目标包括：

（一）购买国货

政府采购法规定，政府采购应当采购本国货物、工程和服务。但有下列情形之一的除外：需要采购的货物、工程或者服务在中国境内无法获取或者无法以合理的商业条件获取的；为在中国境外使用而进行采购的；其他法律、行政法规另有规定的。购买国货的含义包括：

1. 政府采购应当采购本国货物、工程和服务。政府采购法适用范围内的采购，只要本国的货物、工程和服务能够满足基本需求的，应当采购国货。

2. 在特殊情况下，政府采购可以采购外国货物、工程和服务。法律规定了采购国内货物、工程和服务的三种例外情况，实际明确的有两种。一是为了实现采购目的，必须要进行采购，但国内无法提供，或者国内虽然能够提供但商业条件极不合理，无法以合理商业条件获取（符合采购文件要求的本国货物、工程和服务的最低报价高于非本国货物、工程和服务最低报价20%以上的情形），只能采购外国产品。前者是迫不得已，后者则是无法承受，不利于资源的合理配置。通过对外采购，有利于促进国内供应商改善商业条件，缩小与国外供应商之间的差距。二是为在中国境外使用而进行的采购。这里涉及保密和运输成本等因素，对是否采购本国货物、工程和服务不作强制性规定，由采购人视具体情况决定。

3. 本国货物、工程和服务的具体界定标准，由国务院有关部门会同国务院财政部门制定。根据我国国情，界定本国货物比较合理的标准应该是，在中国境内生产，且国内生产成本超过一定比例的最终产品。国内生产成本比例 =（产品出厂价格 - 进口价格）/产品出厂价格。本国工程、服务，是指由中国公民、法人、其他组织提供的工程、服务。

（二）保护环境

这一目标是要求政府采购有利于促进产品制造环境的改善，并采购符合环境保护要求的产品。也就是说，政府采购不能采购制造环境不合格企业生产的产品，如服装、家具采购，要求制造商具有环境质量认证资格。也不能采购不符合环境保护要求的产品，如许多城市要求购买尾气符合环境达标的汽车。政府采购要考虑环保要求，通过将政府采购形成的商业机会向符合环境保护要求的企业或产品倾斜，鼓励和支持这类企业的发展。

（三）扶持不发达地区和少数民族地区的发展

不发达地区和少数民族地区的经济发展水平不高，企业竞争实力普遍不强，促进这些地区的发展，是国家经济实现均衡发展的客观要求，完全靠市场经济作用很难实现这一要求。再者，也不能延续只靠直接向这些地区政府或企业提供财政资金的老办法进行扶持，必须通过规范的机制，政府采购就是其中之一。政府采购可以将政府采购形成的商业机会尤其是中央单位的政府采购向这些地区倾斜，在竞争的前提下，将采购合同优先授予相对有实力的不发达地区和少数民族地区的供应商，支持企业发展，提高企业的竞争实力，从而达到培育财源的目的，促进企业发展与财源增长的良性循环，逐步改变不发达的状况。

（四）促进中小企业发展

在政府采购活动中，中小企业因规模小，竞争力不强，处于弱势地位，所以，通常难以拿到相应的采购合同。但是，中小企业也是纳税人，有权利享受到政府采购带来的商机。同时，中小企业是社会就业的主要渠道，对维护社会稳定起着至关重要的作用，应当给予必要的扶持。可选择的措施是政府采购应当将一定限额以下的采购项目或在适合中小企业承担的基础上，适度向中小企业倾斜，甚至可以规定年度政府采购总额的一定比例留给中小企业，以此扶持中小企业发展。

> **想一想：**
>
> 我国通过政府采购支持中小企业发展的手段应该有哪些？

第四节

政府采购特征和原则

一、政府采购特征

政府采购相对于个人采购、家庭采购、企业采购或团体采购而言，具有以下基本特征：

1. 采购资金的公共性。政府采购资金来源于财政拨款和需要由财政偿还的公共借款，这些资金最终来源为纳税人的税收、政府公共服务收费和公债收入，即“公共资金”。

2. 采购目标的非商业性。政府采购不是以营利为目标，也不是为卖而买，没有营利的动机，而是通过采购满足政府部门政务活动需要或向社会提供公用服务。

3. 采购程序的严密性。政府采购程序的严密性表现在不论是监管或者是执行活动，都必须按照规定的程序进行。政府采购活动要按政府采购的政策要求和法制体系进行管理，按照法定的方式、程序、原则进行采购，授予供应商质疑和投诉的权利，通过规模采购、示范采购和储备采购等手段实现国家有关政策目标，并广泛接受社会监督，违规者要负相应的法律责任。其中，财政预算和支付手段在政府采购程序中发挥着基础性管理作用。

4. 采购对象的广泛性。政府采购的对象可谓包罗万象，既有标准产品，也有非标准产品；既有有形产品，又有无形产品；既有价值低的产品，亦有价值高的产品；既有军用产品，也有民用产品。为了便于管理和统计，国际上通行的做法是按其性质将采购对象划分为三大类：货物、工程和服务。

> **讨论一下：**
> 政府采购对象与政府采购项目范围有什么关系？

5. 采购数量的规模性。政府采购不同于个人采购、家庭采购、企业采购或团体采购，它是一个整体，这个整体是一个国家内最大的单一消费者，其购买力非常巨大，采购规模一般占一个国家 GDP 的 10% 以上。因此，政府采购对社会经济有着非常大的影响力，采购规模的扩大或缩小、采购结构的变化对经济社会发展状况、产业结构以及公众的生活环境都有着十分重要的影响，它已成为各国政府灵活使用的一种宏观经济调控手段。

6. 采购活动的公开性。政府采购的有关政策、法律、程序、预算、项目、结果、处理等都是公开的，采购过程也是在完全公开的情况下进行，一切采购活动都要做出记录，如果采购活动中发生争议，仲裁活动也须公开，所有的采购信息也是公开的，没有秘密可言。而在私营领域，采购者则没有这个义务。

7. 采购制度的政策性。政府采购作为财政政策的手段之一，其政策性是指任何国家的政府采购制度都是围绕国家经济社会发展目标而制定的。从政府采购的监管到执行，从采购预算的审核批准到采购计划的制订批准，从政府采购合同的签订到履行，从采购价格、规格的确定到采购方式的选择等等，政府采购都要体现国家的政策，实现政府在某一时期的政治、经济、社会、文化发展等目标，为国家及社会公共利益服务。因此，不论在国内还是在国外，政府采购都具有行政管理色彩。

二、政府采购原则

政府采购原则包括一般原则和我国政府采购原则两个方面。

（一）政府采购一般原则

为了实现政府采购目标，在政府采购活动中一般应遵循以下原则：

1. 公开、公平、公正和有效竞争原则。这是政府采购的核心原则。一是公开。是指采购活动具有较高的透明度，要公开发布采购信息，公开开标，公开中标结果，使每个有兴趣的或已参与的供应商都能获得同等的信息。二是公平。就是要求给予每一个有兴趣的供应商平等的机会，使其享受有同等的权利并履行相应的义务，不歧视任何一方。三是公正。是指评标时按事先公布的标准对待所有的供应商。四是有效竞争。是指要求邀请更多的供应商参与竞争，该原则的核心是要求采购方法和过程都必须透明，具有竞争性。

> **想一想：**
> 在政府采购实际工作中，如何贯彻“物有所值”原则？

2. “物有所值”原则。这是西方国家政府采购的通用原则之一。它是指投入（成本）与产出（收益）之比，这里的投入不是指所采购物品的现价，而是指物品的“寿命周期成本”，即所采购物品有效使用期内发生的一切费用再减去残值。政府采购追求的就是寿命周期成本最小而收益最大。物有所值中的“值”应是广义的，它不仅应包括资金使用效率，还应包括为国内产业发展提供的机会、促进企业技术进步的技术转让、加强国有资产管理、保护生态环境、促进残疾人和妇女就业等。

3. 推动国内竞争和促进产业发展原则。通过政府采购，打破垄断和地区封锁，促进企业降低成本、提高产品技术含量，为企业发展创建良好的环境。同时，政府采购活动要公平进行，要照顾和鼓励大中小企业参与。

4. 防腐倡廉原则。指一国的政府采购制度应尽量弱化“人际”约束。由于政府采购项目多，规模大，其采购合同成为各供应商的竞争目标，所以，在具体采购活动中，经常出现采购人将政府行为与商业行为混淆的现象。如果缺乏完善的监督机制，就极容易出现索贿、行贿、钱权交易等贪污腐败问题。通过公开、竞争的透明机制，消除采购活动中的腐败现象，促使政府官员依法行政，维护政府形象。为此，政府采购制度的设计要强化制度约束机制，形成一个各主体之间责、权、利相互约束的力量。

> **讨论一下：**
> 在政府采购工作中，应该如何贯彻诚实信用原则？

5. 诚实信用原则。要求政府采购当事人在政府采购活动中，本着诚实、守信的态度履行各自的权利和义务，讲究信誉，兑现承诺，不得散布虚假信息，不得有欺诈、串通、隐瞒等行为，不得伪造、变造、隐匿、销毁需要依法保存的文件，不得规避法律法规，不得损害第三人的利益等。

6. 维护公共利益原则。政府采购的一个重要特征，就是它是政府行为，要体现国家利益和公共利益的政策要求。同时，一个国家和政府可以通过政府采购制度的实施，发挥宏观调控作用。换句话说，就是政府采购有着维护国家利益和社会公共利益的责任和义务，其行为要符合人民大众的意愿，应当在维护国家利益和社会公共利益方面作出贡献。

7. 国民待遇原则和非歧视性原则。即开放政府采购市场后应当遵循的原则。其中，国民待遇原则是指缔约国之间相互保证给予对方的自然人（公民）、法人（企业）在本国境内享有与本国自然人、法人同等的待遇。通俗地讲，就是外国供应商与本国供应商享受同等待遇，即把外国的商品当作本国商品对待，把外国企业当作本国企业对待。非歧视性原则，也就是不能人为地设置法律不允许的不合理条件来限制供应商参与政府采购活动。

（二）我国政府采购原则

我国政府采购法规定了政府采购的四原则。

1. 公开透明原则。公开透明是政府采购制度的基本精神，政府采购被誉为“阳光下的交易”，即源于此。只有坚持公开透明，才能有利于社会公众有效监督政府采购资金的使用情况，才能为供应商参加政府采购活动提供公平竞争的市场环境。具体包括以下内容：

（1）公开采购规则。公开政府采购的政策、法律、法规和规章，便于有关当事人了解参与政府采购活动的规则。

（2）公开采购预算。公开政府采购预算及其采购项目，让社会公众了解政府对其缴纳税金的安排情况，让供应商了解政府提供的商业机会。

（3）公开采购信息。为供应商决定是否参与采购活动提供充足信息。

（4）公开采购结果。公布中标人和中标价格，让供应商知道自己参加采购活动的实际结果，以利总结经验教训，不断提高其参加政府采购活动的质量。

（5）公开处理结果。公开投诉处理和司法裁决结果，向社会表明政府依法行政的立场，保护有关当事人的合法权益。

2. 公平竞争原则。公平竞争原则既是市场经济运行的基本规则，也是政府采购的基本规则。公平竞争要求在竞争的前提下公平地开展政府采购活动。具体包括以下内容：

（1）科学确定采购方式。必须按照充分竞争的要求确定采购方式，尤其是强制性推行公开招标采购方式，使用其他采购方式的，必须事前获得财政部门的批准。

（2）统一政府采购信息的披露途径。通过统一政府采购信息的披露途径，从源头上维护公平竞争。

（3）公平对待供应商。采购人要公平地对待每一个供应商，不能搞人为歧视、行业垄断和地区封锁。

（4）统一、规范政府采购程序。通过建立完整、统一和严密的政府采购程序，促使政府采购活动沿着预定的轨道运作。

3. 公正原则。公正原则是基于采购单位和供应商在政府采购活动处于平等地位而确立的一项原则。从理论上讲，政府采购活动属于商业交易行为，买卖双方完全平等，但实际上并非如此。在政府采购实践中，因采购人处于主动地位，供应商处于弱势地位。在这种格局下，维护政府采购的公正性，成为实现公平竞争的重要前提，直接关系到政府采购的市场秩序以及采购资金的使用效益。具体包括以下内容：

> **讨论一下：**
> 在政府采购活动中，如何公正对待供应商？

（1）统一条件和程序。即政府采购活动必须按照事先约定的条件和程序进行。

（2）对供应商实行国民待遇。即对所有的供应商要一视同仁，任何单位和个人无权干预政府采购活动的正常开展。

（3）实行“管、采分离”。即实行管理机构和执行机构分设的管理体制，使“裁判员”（财政部门）与“运动员”（执行机构）各司其职。

（4）强化对政府采购活动的监督。在强化财政部门对政府采购活动监管力度的同时，要发挥审计、监察等部门的监督作用，预防并及时纠正不公正行为。

（5）公开评标规则。即要事先公开评标规则，赋予供应商质疑和投诉的权利，预防“寻租”行为，维护政府采购市场秩序。

4. 诚实信用原则。诚实信用原则要求政府采购当事人在政府采购活动中，本着诚实、守信的态度履行各自的权利和义务，讲究信誉，兑现承诺。具体包括以下内容：

（1）规定权利义务。确立政府采购的基本原则，规定各当事人的权利和义务。

（2）建立市场准入制度。建立供应商以及社会中介机构政府采购市场准入制度，禁止缺乏诚信的供应商参与政府采购活动。

（3）加大监督力度。采取各种有效措施促使政府采购当事人履行义务的自觉性，增强公众对资金使用和采购过程的信任。

第五节 政府采购管理体系

政府采购管理体系包括监管机构、法规体系、管理模式、质疑投诉机制、官员管理、中央和地方的关系和国际事务等。

一、监管机构

政府采购按使用对象，可分为民品采购和军品采购，军品采购的监管机构为国防部门，而民品采购的监管机构一般为财政部门或与财政管理事务有关的政府机构。由于各国的国情和政府机构设置不同，政府采购的监管机构也不完全相同。例如：韩国财政经济部政府采购厅（副部级机构），负责政府采购法规、政策的制定和全面、具体地执行。新加坡财政部预算署的采购和支出政策处，负责制定采购法规政策，统一采购部分物品，审查供应商资格，处理供应商的上诉并进行仲裁。美国为国会众议院的政府改革委员会技术与政府采购办公室和联邦会计总署。前者专门对政府采购中的腐败、欺诈等行为进行监督、检查或者组织听证会，重点对象是联邦服务总署。后者是国会的下属机构，直接对国会负责，该机构有权力对行政机关的采购计划进行评估，可以审阅所有的政府采购文件，为行政机关的采购计划提出建议，对政府采购项目进行审计。同时，联邦会计总署还是受理供应商投诉的最权威机构，每年受理1000多件政府采购投诉。另外，美国的总统行政与预算办公室下属的联邦采购政策办公室是联邦政府采购的政策主管机构，有25名工作人员，主任由总统任命参议院批准。主要职责是制定政策，引导各政府部门建立政府采购机制。不负责有关法律、法规执行监督事宜。

各国虽然机构设置差别较大，有的只是政策制定，有的还负责监督，有的还承担集中采购职能，但在财政部内部管理机构与执行机构是分开设置的，如韩国和我国香港特区等。我国监管机构为财政部国库司（下设政府采购处），执行机构为集中采购代理机构和社会中介代理机构。

财政部门作为政府采购的监管机构，其职责主要包括：政府采购法规、政策的拟定和监督执行；采购预算和计划的编制；供应商、采购代理机构的资格标准的制订和审查；采购官员的培训和管理；采购争端的仲裁；国有资产的管理；采购信息的发布；采购统计和分析；部分甚至全部本级政府消费的货物、工程和服务的直接采购、分配和管理等。

二、法律体系

为了加强对政府采购的管理，实现政府采购的目标，各国和地区都制定了一系列有关政府采购的法律、法规和规章。

（一）基本法律

> **想一想：**
> 在我国采购实践中，与政府采购工作相关的法律应该有哪些？

各国的基本法律为政府采购法和合同法。如韩国的《政府采购合同法案》、《地方财政法》、《政府投资机关法》；新加坡的《政府采购法案》；英国的《通用合同及商业法》等。美国没有统一的政府采购法，但有统一的采购条例，国防采购和民用采购是分别立法的。前者遵循的是《武器装备采购法》，后者遵循的是《联邦财产和管理服务法》，无论是国防采购还是民用采购都要统一执行《联邦采购条例》的规定。我国的基本法为《政府采购法》，相关法律目前包括《招标投标法》、《预算法》和《合同法》等14个法律。

（二）配套法规规章

除了基本法律之外，各国还制定了大量的配套法规和规章。如美国的《合同纠纷法案》、《小额采购法案》、《购买美国产品法案》等近20个配套法规。新加坡的《政府采购指南》。英国的《非公平合同条款》、《贪污礼品法案》等。各国的各部门、单位根据政府采购的基本法律和配套法规的精神，结合本部门、本单位的实际情况，制定补充规定。地方政府根据中央政府的政府采购基本法律，制定地方实施细则。虽然目前我国的政府采购法配套条例还没有制定出来，但相关配套规章有30多个。

（三）国际法律

由于许多国家为多边国际贸易协议（如世界贸易组织、联合国发展与贸易组织等）或双边国际贸易协议（如澳大利亚—新西兰、美国—以色列等）成员，也都相应制定了对外贸易中应遵循的政府采购法规。如美国贸易协议法规规定，禁止联邦政府购买未加入世贸组织国家的商品，或明确在国际贸易中应遵守的国际性或区域性政府采购协议，如WTO的《政府采购协议》、世行的《采购指南》、欧盟的《采购指令》、联合国贸发会的《采购示范法》等。

三、采购模式

政府采购模式包括集中采购、分散采购、集中采购与分散采购相结合三种。政府采购模式取决于各国的国情。各国在政府采购法律中都相应规定了负责集中采购的机构设置及其职责范围。我国实行集中采购与分散采购相结合的模式。

目前，从世界范围来看，随着科技进步和采购专业队伍的扩大，集中采购范围逐步缩小，分散采购成为发展方向。完全实行分散化采购的国家不多。多数国家实行半集中半分散的采购模式。

集中采购程度最高的国家是韩国。韩国财政经济院的政府采购厅，负责对中央政府以及中央政府驻地方机构的所有货物、工程和服务的采购、分配和管理。1999年仅中央一级政府采购金额就达15.9兆韩元，占当年GDP的3.3%；占当年财政支出的11.2%（1998年是2.5%和8.8%）。根据规定，韩国中央部门的政府采购中，价值在30亿韩元（300万美元）以上的工程采购项目、5000万韩元（5万美元）以上的货物采购，都必须由调达厅代为进行。地方部门的政府采购中，价值在100亿韩元（1000万美元）以上的工程采购项目、5000万韩元（5万美元）以上的货物采购，都必须由调达厅代为进行。上述标准以下的采购项目，既可以由各部门自行采购，也可以委托调达厅代为采购。调达厅是财政经济部下属的一个副部级单位，也是全国唯一的政府采购专职机构（没有政府采购的中介机构）。厅长由总统直接任命，工作人员为国家公务员。由10个地方厅和5个海外购买办公室组成，人员935人。

在带有集中采购性质的国家，集中采购机构有的设在财政部，如韩国、新加坡等。有的设有专门的部级或副部级机构，如美国的联邦综合服务局，澳大利亚的采购局，加拿大的工程和服务采购部等。

四、质疑投诉机制

供应商质疑和投诉是采购活动中经常遇到的问题，如果这些问题得不到妥善的解决，不仅会影响采购活动的正常开展，还会影响政府的信誉，影响政府与供应商之间的关系。正因为如此，WTO的《政府采购协议》以及许多国家的政府采购制度中包括了对处理质疑和投诉问题的特殊规定，包括机构、程序、时间、条件等。

> **想一想：**
> 为什么要建立政府采购的质疑投诉机制？

关于机构设置，《政府采购协议》要求设立一个独立的机构，但这只是将来的趋势，目前各国的做法差异很大。有的国家将这类机构设在财政部门，如新加坡、韩国等；有的国家由法院负责，如英国等；有的国家或地区另设独立机构，如澳大利亚的联邦政府调查委员会，日本的政府采购审查委员会，香港的申诉管理委员会；有的国家由负责管理贸易投诉的行政法庭来负责，如加拿大的国际贸易仲裁法庭，美国的会计总长办公室和服务管理总局合同上诉委员会，美国的法院也可以受理。

成功地解决投诉问题的补偿机制有：道歉、重新审查采购决定、取消采购决定、重新招标、补偿损失、修正有关的采购规划或程序、暂停采购活动等等。

为了减少采购活动中的争端，很多国家都制定了内部或外部审计和监督程序，以确保政府采购活动的正常进行。

发达国家的经验表明，合同上诉的情况不多，以前上诉人经常胜诉，但随着政府采购变得越来越有效率并通常遵守《政府采购协议》，上诉方获得胜诉的比率在不断下降。

五、采购官员管理

采购官员管理包括拓展知识面、强化培训、岗位职业化、实行分工负责和实行行业自律等方面。

（一）采购官员的学识要求

政府采购涉及的知识面包括国内、国际；政策、程序；经济、法律；市场、价格；公关、社会；保障、安全等方面。

1. 采购官员的知识构成。各国对财政采购官员的要求是非常高的，他们不仅要懂得政府采购的法规政策，还要懂得国际贸易的政策和规则；不仅要熟悉采购程序，还要掌握国内外市场情况；不仅要懂得经济知识，还要具备多方面的专业知识；不仅要懂得采购技巧，还要善于解决采购过程出现的各种问题。

2. 一般采购人员的知识构成。包括：政府采购道德准则知识、国际国内市场运行知识、商业运行规则知识、经济学原理和实践知识、政府采购内容的专业知识、供应管理知识、政府采购法律和法规知识、国际采购法规与惯例知识、国家经济宏观调控和政府采购政策知识、国际货币制度知识、政府采购技术经济知识、采购对象的价格构成和定价知识、社会公共关系知识、政府采购保障与安全知识等等。

（二）重视培训和管理

实行中央和地方分级培训和管理制度。为了保证政府采购队伍的专业化、职业化，各国都非常重视对采购官员的培训和管理。负责大宗商品的采购或具有高风险的商品和服务的采购官员，由中央政府培训，负责小额商品的采购官员由部门或地方培训。

（三）实行岗位职业化

由政府采购监管机构登记注册，培训合格的官员在采购主管部门登记注册，只有注册官员才能上岗。

（四）实行分工负责

对采购岗位实行流水作业、分工负责。岗位设置包括合同官员、采购官员和采购经办人员。合同官员包括合同谈判官员、合同管理官员、合同终止官员、采购分析官员、成本分析官员、法律顾问等；采购官员和经办人员包括采购、供应程序管理人员，市场及运行分析人员。另外还有质量管理人员、政府财产管理人员、财务人员、审计人员、法律人员、小型企业分析人员、运输管理人员、后勤管理人员等。在采购工作中实行流水作业、各负其责的办法，即将采购的各环节分管，分别由不同的官员负责和经办。上一个环节的官员向下一个环节的官员交接工作时，必须书面保证本环节具有合法性。在签订合同时，由不同级别的官员签订不同金额的合同，合同金额越大，要求合同签订人的级别越高。按这套机制运作，权责对称，责任明确。

（五）实行行业自律

为了加强对采购官员的管理，很多国家还制定了“政府采购官员行为准则”，同时对违纪的采购官员及供应商进行严惩。如新加坡有关法律规定，受贿官员将判 7 年徒刑，行贿供应商则 5 年内不得进入政府采购市场。

六、采购信息管理

采购信息管理是政府采购管理制度中的一个重要组成部分。所谓采购信息是指采购管理过程中反映各种采购活动的数字和资料的总称。采购信息管理不仅是指采购信息的发布，还包括采购情况的各项记录信息。关于采购信息的发布，通常做法是在采购主管机构指定的媒体（如报纸、杂志和网络）上进行。

采购记录信息的内容非常多，各国对政府采购信息的分类也不一样。通过对政府采购各项信息的收集和处理，可以对采购进行地域分析、市场分析以及对政府政策目标落实情况的分析，是对政府采购制度的一种评估方法。

七、中央和地方关系

中央和地方的关系是指政府采购实行分级管理，中央政府和地方政府建立各自的政府采购制度，但两者不是绝对独立的。首先，一个国家只有一部政府采购法，法律规定的原则和要求，中央和地方政府都必须遵守，地方政府在不违背政府采购法规定的原则和要求的前提下，可以制定本地区的政府采购实施细则。其次，由于中央政府与地方政府存在资金往来关系，特别是中央政府要给地方政府大量的转移支付，因此，只要地方政府的采购项目中含中央政府的补助，无论地方政府的法律地位如何，必须按中央政府的采购规则操作。至于地方政府用自有资金安排的采购项目，则完全可以按地方的采购规则执行。

八、采购国际事务

采购国际事务主要是指有关政府采购问题的对外谈判事务。按国际上的一般做法，一般是由外贸部门负责，也有的国家是由财政部门负责。

思考题

1. 政府采购的一般特征。
2. 政府采购“物有所值”原则的含义是什么？

3. 我国政府采购公开透明原则的含义是什么?
4. 我国政府采购公平竞争原则的含义是什么?
5. 我国政府采购公正原则的含义是什么?
6. 我国政府采购诚实信用原则的含义是什么?
7. 简答我国政府采购的目标。
8. 简述我国政府采购的项目范围。

案例分析

华南“江海市”通过招商引资，将国外某已走“下坡路”的汽车企业“北风”引进到国内，成立合资的汽车生产公司，据说当年为“北风”的落户问题，国内多个地区曾有一番优惠政策的“血拚”。“北风”通过大规模的基础设施建设后，终于迎来了首车下线，在较短的时间内，轿车、商务车、越野车等全系列车型投放市场，可“北风”汽车的车身设计、安全系数、发动机等核心技术与主流大品牌相比显得太“初级”，前景令人堪忧。于是，“北风”向“江海市”政府求援，“北风”对“江海市”来说是个大项目，当初招商引资时可以说是举全市之力，期待能大幅增加财税收入。“北风”的产品不受欢迎，“江海市”的决策者们也是心急如焚。遂以领导口头要求的形式要求全市行政事业单位凡购车的一律采购“北风”，不得采购其他品牌。通过车辆上牌这个关口进行严格控制，该市的各级采购人只得无奈地选择“北风”，即便如此，仍难挽“北风”的颓势，毕竟一个市的采购量有限，靠自产自销是难以维持一个庞大汽车企业运转的。

事实上，该品牌车辆除当地政府单位购买外，其生产的主力轿车在市场上的销量全年仅300多辆，亏损严重。不少采购人因不喜欢“北风”，便改以企业名义购买市场上的其他品牌车辆，不啻是“上有政策，下有对策”的翻版。

案例思考：华南“江海市”的做法违反了政府采购法的哪些规定?会带来什么危害?指定采购“地产品”现象能够长期存在的根源是什么?应该采取什么措施遏制这种现象?

第二章 政府采购当事人的权利和义务

学习目标

- □ 了解采购人的特征
- □ 了解采购人的权利与义务
- □ 了解供应商的权利和义务
- □ 了解采购代理机构的权利和义务

第一节 政府采购当事人

政府采购立法目的之一，就是要对政府采购活动各个方面行为主体和利益关系进行规范和约束。政府采购法对政府采购当事人的含义、范围、主要职责、禁止性行为以及权益保护作了明确规定。其目的就是规范政府采购当事人的权利、义务和责任，从而提高政府采购活动的规范性、公平性和透明度，最大限度地保护政府采购当事人的合法权益，同时维护国家利益和社会公共利益，促进廉政建设。

按照我国现行有关法律规定的解释，当事人是指在一定范围内具有一定权利和行为能力，依法独立享有特定范围权利和承担特定范围义务的自然人和法人。如果这个特定范围是民事活动，就是民事当事人。如果是指政府采购行为，就是政府采购当事人。政府采购活动是指一个具体的采购项目从准备采购到履行合同完毕整个过程的各项活动，以及与这些活动相关的事后相关活动，包括管理活动、组织实施活动、纠纷处理活动、复议活动、诉讼活动等。根据权利、义务和责任的不同，将其划分为采购人、供应商和采购代理机构等三大类。

一、采购人

> **想一想：**
> 如何辩证认识事业单位的采购人资格？为什么？

采购人顾名思义就是买方，是购买和使用所采购对象的主体。从政府采购性质、使用资金等特点看，政府采购的采购人应当是政府部门。由于我国的国家管理体制与国外不同，具有自己的特色，其机构设置反映了中国国情，所以，政府采购法规定的采购人是指依法进行政府采购的国家机关、事业单位和团体组织。

（一）国家机关

根据我国管理体制和机构设置情况，国家机关包括国家权力机关、行政机关、审判机关和监察机关。国家权力机关主要是指各级人大机关。行政机关主要是指行政管理机关，即中央和地方各级人民政府及所属部门，另外，还应包括中共中央机关系统。审判机关主要是指各级人民法院。监察机关主要是指各级人民检察院。

（二）事业单位

事业单位在一些国家称之为社会公共事业部门，我国事业单位是由国家为履行社会公益事业而设立的非行政和非营利性机构。目前，根据其职能和财政经费管理体制，分为自收自支、差额拨款和全额拨款三种类型的事业单位。差额拨款和全额拨款的事业单位为采购人，自收自支事业单位可根据实际情况来确定，如果因特殊情况使用财政性资金或进行对社会及公众影响较大的采购活动时，应当作为政府采购人。

（三）团体组织

主要是指各民主党派、财政供给经费的社团协会、联合会和基金会等。

二、供应商

供应商就是卖方，是采购对象的提供者。按照政府采购法规定，供应商必须是法律规定的合格供应商，并对其资格条件作了明确规定。

合格供应商至少应当具备法律规定的下列基本条件：一是注册于中华人民共和国境内，具有独立承担民事责任能力的法人；二是与采购人就本次招标的货物委托的咨询机构、招标代理机构以及上述机构的附属机构没有行政或经济关联；三是遵守国家法律、法规和招标代理机构有关招标的规定；四是具有良好的商业信誉和健全的财务会计制度；五是具有履行合同所必需的专业技术能力；六是有依法缴纳税收的良好记录；七是参加政府采购活动近三年内，在经营活动中没有重大违法记录；八是法律、行政法规规定的其他条件。

三、采购代理机构

（一）种类

我国政府采购法规定，政府采购代理机构分为两种：一种是政府设立的集中采购机构；另一种是具备一定条件的社会中介代理机构。集中采购机构是非营利机构，负责组织实施集中采购活动。社会中介代理机构需具备以下条件：一是省级以上有关政府部门授予的采购代理资质；二是具有省级以上财政部门登记备案资格。

（二）资格条件

采购代理机构的主要职能是为采购人提供采购代理服务，所以，应当在采购人委托的事项和范围内开展工作。政府采购代理机构资格认定由省级以上人民政府财政部门依据规定的权限和程序实施。代理政府采购事宜的机构，必须依法取得财政部或者省级人民政府财政部门认定的政府采购代理机构资格。

政府采购中介代理机构资格分为甲级资格和乙级资格。甲级政府采购代理机构资格由财政部负责审批。乙级政府采购代理机构资格由申请人住所所在地的省级人民政府财政部门负责审批。取得乙级资格的政府采购代理机构只能代理单项政府采购预算金额1000万元以下的政府采购项目。

按照我国《政府采购代理机构资格认定办法》第二十一条规定，乙级政府采购代理机构应当具备的条件包括下列七个方面：一是具有法人资格，且注册资本为人民币50万元以上；二是与行政机关没有隶属关系或者其他利益关系；三是具有健全的组织机构和内部管理制度；四是拥有固定的营业场所和开展政府采购代理业务所需设备、设施等办公条件；五是具有良好的商业信誉以及依法缴纳税收和社会保障资金的良好记录；六是申请政府采购代理机构资格前三年内，在经营活动中没有重大违法记录；七是有参加过规定的政府采购培训，熟悉政府采购法律、法规、规章制度和采购代理业务的法律、经济和技术方面的专业人员，其中：技术方面的专业人员，具有中专以上学历的不得少于职工总数的50%，具有高级职称的不得少于职工总数的10%。

甲级政府采购代理机构的条件除上述第二项至第六项条件外，还应当具备下列两个条件：一是具有法人资格，且注册资本为人民币400万元以上；二是有参加过规定的政府采购培训，熟悉政府采购法律、法规、规章制度和采购代理业务的法律、经济和技术方面的专业人员，其中：技术方面的专业人员，具有中专以上学历的不得少于职工总数的70%，具有高级职称的不得少于职工总数的20%。

根据我国《政府采购货物和服务招标投标管理办法》（财政部第18号令）第十二条规定，采购人符合下列三个条件的，可以自行组织招标：一是具有独立承担民事责任的能力；二是具有编制招标文件和组织招标能力，有与采购招标项目规模和复杂程度相适应的技术、经济等方面的采购和管理人员；三是采购人员经过省级以上人民政府财政部门组织的政府采购培训。

第二节 采购人权利和义务

一、采购人权利

为了保护采购人的合法权益，保障国家利益和社会公共利益，保证政府采购制度规定的实施，政府采购法明确规定了采购人的合法权益。概括起来包括以下内容：

（一）采购需求申请权

采购人有权根据自身工作需要通过编制采购预算向政府有关部门提出项目采购需求申请的权利。采购人为了履行经济社会管理职能、实现社会公益的目的，必然需要占有耗用相应采购对象。因此，为了使政府采购主体正常履行其职能，法律也必然赋予其为履行职能提出对自己所需要采购对象购买申请的权利。因此，采购需求由各采购实体提出，构成采购人的一项具体权利。但是，需要说明的是采购人对需要对象的采购，并不完全由自己控制，而是按照财政部门规定的预算编制原则、方法和程序，在预算规定的范围内执行。在编制部门预算时，编制本部门的采购预算，详细确定需要采购货物和劳务的功能、数量、资金来源、供应时间等。预算批复后，执行预算时再详细编制采购计划。

> **讨论一下：**
> 采购人应该如何科学编制采购预算？

（二）代理机构选择权

按照规定，采购人采购集中采购目录以外的采购项目可以自行采购，也可以委托集中采购机构采购，还可以委托依法认定资格的其他采购代理机构代理采购，任何单位和个人不得以任何方式为采购人指定采购代理机构。但基于政府采购特殊性的要求，政府采购必须在政府采购监督管理部门的监管之下进行。监督管理部门监督采购人在法定规则下自主采购，而不是越权采购，更不是剥夺采购人的权利。

需要说明的是，采购人有权自己选择代理机构是采购人自行选择代理机构的权利，但这绝不意味着采购人可以无条件的、不受限制的任意选择代理机构，即必须在政府采购监督管理部门认定合格的采购代理机构中自主选择，超出这个范围界限是绝对不允许的。

（三）采购协议签署权

采购人有权按照采购需求与采购代理机构签署委托协议，任何单位和个人不得以任何方式为采购人指定代理机构。在采购人与采购代理机构充分协商的基础上通过委托代理协议，明确委托代理的具体内容和事项，约定双方的权利和义务。采购人与代理机构之间的委托关系可以是全面委托，也可以部分委托。

（四）监督采购代理权

采购人委托采购代理机构后，应当依法对采购代理人执行委托代理协议的情况进行监督。采购代理机构在受托范围内以采购人的名义进行具体采购活动，但在这期间有可能产生采购代理机构违背采购人利益和社会公共利益进行采购的行为，甚至有可能产生采购代理人与供应商恶意串通获得不正当利益并损害了采购人合法利益的行为。例如，采购代理机构采购的货物或服务不符合采购人的要求，不履行或不完全履行委托代理协议约定的义务，或者采购的商品劳务质量差、成本高等。当采购人发现采购代理机构在代理政府采购活动中有违法行为的，应当及时予以制止，并要求其改正。采购代理机构拒不改正的，采购人应当及时向同

> **想一想：**
> 对供应商进行资格审查应注意哪些问题？

级人民政府财政部门报告情况，由财政部门依法处理；经劝告采购代理机构拒不改正的，采购人应当终止与采购代理机构的委托代理协议。

（五）采购资格审查权

在政府采购中，供应商的资格与提供采购对象的能力将直接关系到采购人的采购质量与效率。因此，采购人有权按照法律规定要求参加政府采购的供应商提供有关资质证明文件和业绩情况资料；根据法律规定的供应商条件和采购项目对供应商的特殊要求，对供应商的资格进行审查。

但需要注意的是，当采购人将采购事宜委托给采购代理机构以后，供应商的资格审查显然应该由采购代理机构来进行。为了维护采购人自身的利益和社会公共利益，实现政府采购目的，政府采购中对于委托采购项目，采购人有权参与采购文件编制、有权确认采购文件、有权参与对供应商资格的审查、有权参与项目评审。采购人参与采购过程权利实现的具体途径主要是派代表作为委托项目的评标委员会成员、谈判小组成员或询价小组的成员等。需要说明的是，委派代表参与采购过程并不意味着对政府采购过程，尤其是评标委员会的评标过程进行倾向性干预。

（六）采购结果确定权

采购人可以在法律规定的范围内，依据预先制定的采购标准和规定，根据采购代理机构提交的采购结果和中标、成交建议，确定符合采购要求的优秀供应商。如有充分理由证明评标委员会的评审结果不公正时，采购人有权拒绝确认。当然，采购人也可以将最终确认权委托给评标委员会，或者是采购代理机构代理行使。

值得注意的是，在采购实践中，当出现集中采购机构的一次采购涉及多个采购人的采购对象时，究竟由谁来确定中标供应商，要看采购人对采购代理机构的依法委托事项。如果双方签订的委托代理协议中包括委托确定中标供应商的内容，采购代理机构也可以直接确定中标供应商。

（七）采购合同签订权

采购人有权按照法律规定根据确认的评审结果与中标或成交供应商签订采购合同，也可以委托采购代理机构代表其与供应商签订合同。政府采购合同是一种民事合同，适用民事合同的方式来处理政府采购中供应商与采购人之间的关系更符合政府采购当事人之间自愿、平等的关系。采购人委托采购代理机构代表其与供应商签订采购合同，需要提交授权委托书。

（八）采购履约验收权

履约验收是指采购人或采购代理机构依据采购合同对供应商提供的采购对象进行验收，是保证政府采购质量的关键环节。法律规定，采购人或者其委托的采购代理机构应当组织对供应商履约的验收。作为采购对象的使用者，自然有权和必须参与验收。同时为保证合同标的的质量，大型或者复杂的政府采购项目，采购人或者其委托的政府采购代理机构应当邀请国家认可的质量检测机构参加验收工作。验收不合格的，采购人有权拒绝付款或扣留部分货款。

（九）自行采购决定权

由于采购人所承担的社会职能不同，需要采购的商品、劳务种类繁多，质量、功能要求各异，有通用性的采购项目，也有特殊性的采购项目。采购项目的不同情况必然产生对商品劳务供应商的特殊要求。为满足部门的特殊需要，就需要采用与之相适应的特殊采购方式。为此，法律对特殊情况下的采购方式进行了明确的规定，赋予有特殊要求的政府采购人特定的权利，即采购人对属于本部门、本系统有特殊要求的项目，可以实行部门集中采购；属于本单位有特殊要求的项目，经省级以上人民政府批准，可以自行采购。

（十）采购投诉检举权

投诉权是指采购人认为自己的权益受到损害时有权向政府采购监管部门投诉的权利。检举权是指采购人有权向政府有关部门检举政府采购过程中的违法、违规行为。

二、采购人义务

采购人是以履行政府管理职能、实现国家利益和社会公共利益为目标的实体，采购的目的就是高质量、高效率地提供社会公共服务。因此，采购人的行为必须受到政府采购法律法规和制度的约束，必须按照法律法规规定和政策要求办事，遵循国家政府采购的各项规定，不得以单位和个人意志为目的滥用政府采购规定。原则上讲，采购人的权利和义务是紧密相关的。采购人如果滥用权利，或者不履行义务，都应该承担相应的责任。采购人义务可以概括为以下几个方面：

（一）依法采购义务

采购人认真执行政府采购的各项政策和规定，依法开展采购活动，是其首要义务和责任，其行为要自觉接受政府采购法律法规的约束。不得以部门和单位利益或者意志为由拒绝执行有关政府采购规定，否则，会受到政府采购监管部门和政府相关部门相应的处理和严厉的制裁。

想一想：

要求采购人执行政府采购规定会有哪些方面的阻力？

（二）接受监管义务

对采购人的监督检查是政府采购监管部门的职责之一。县级以上各级政府财政部门作为政府采购的监督管理部门，是政策的制定者和监督者，而采购人是执行者。因此，采购人的采购活动应当接受政府采购监督管理部门的监管，在政策执行方面，在对行政领导和机关负责的同时，也应当对政府采购监督管理部门负责。此外，采购人的采购程序、过程和结果还要接受国家审计部门、监察部门的监督检查。采购人有义务积极支持和配合政府采购监督管理部门的工作。同时，政府采购活动的性质和目的决定了采购人的行为还必须接受社会监督。

（三）尊重权益义务

采购人在政府采购活动中，必须尊重供应商的合法权益。在制定政府采购文件时，应当充分进行市场调研，提出符合供应商实际履约能力的资质和业绩要求。在参与供应商资格审查时，必须平等对待各供应商，不得以不合理的要求影响供应商获得采购竞争的资格。在采购过程中，凡不属于应该保守秘密的内容，采购人有义务及时回答供应商的询问和质疑。在采购文件变动时，必须及时通知已经投标的供应商，并相应延长招标期限。在评标和定标过程中，采购人不得与采购代理机构或其他供应商串通，达到以权谋私或获取其他不正当利益的目的。当发生废标情况时，采购人应当将废标理由通知所有投标人。在政府采购活动中，采购人及其相关人员与供应商有利害关系的，应当主动回避。

（四）遵守秩序义务

采购人委托采购代理机构进行招标采购活动后，必须遵守代理机构的工作秩序，不得干预采购代理机构按照法定程序开展工作，更不得提出不符合规定的要求，或者与采购代理机构或供应商串通以不正当手段影响采购的公正性。同时，按照法律规定，采购人还有义务监督采购代理机构严格执行政府采购的有关规定，发现问题要及时向政府采购监督管理机构反映。

（五）合同签订义务

采购人必须按照规定与中标、成交供应商签订政府采购合同。法律具体规定了采购人与供应商签订政府采购合同的时间和内容。采购人在招标采购活动中，应当事先将采购需求明确提出并确认下来，一旦进入采购程序和中标、成交结果产生后，除发生违法、违纪行为必须废标或需要重新确定中标、成交候选人外，当中标、成交供应商产生后，必须按照规定与中标、成交供应商签订政府采购合同，不得无故更改。否则，要承担相应的法律责任。

（六）信息公开义务

采购人应当按照规定在指定媒体及时向社会发布政府采购信息和采购结果，以便于供应商及时获得信息，增强政府采购过程的透明度，接受社会各界的监督。

（七）保管文件义务

采购人必须按照规定妥善保管采购文件。采购人有义务妥善保存反映每项采购活动的采购文件，包括采购活动记录、采购预算、招标文件、投标文件、评标标准、评估报告、定标文件、合同文本、验收证明、质疑答复、投诉处理决定以及其他有关文件、资料。采购文件的保存期限至少为 15 年。应当在人员、设施、制度和资金等方面认真落实法律法规规定。

第三节 供应商权利和义务

一、供应商条件

根据政府采购法律法规规定，政府采购供应商是指向采购人提供货物、工程或者服务的法人、其他组织或者自然人。供应商是指在我国境内注册登记的法人和其他组织以及中国公民，不包括在我国境外注册登记的法人和其他组织以及外国公民。法人包括企业法人、机关法人、事业单位法人和社会团体法人。其他组织是指不具备法人条件的组织，主要包括合伙组织、个人独资企业、个体工商户、农村承包户等。自然人是指按照规定具有完全民事行为能力，并能够承担民事义务和责任的公民。

> **讨论一下：**
> 政府采购为什么要规定供应商的准入条件？

同时，政府采购法律法规规定，供应商不仅可以是独立的法人、其他组织或者自然人，还可以是两个以上的自然人、法人或者其他组织组成的联合体。以联合体形式进行政府采购活动的，参加联合体的供应商应当向采购人或政府采购代理机构提交联合协议，载明各方的权利和义务，以一个供应商的身份共同参加政府采购。联合体各方应当共同与采购人签订采购合同，就采购合同约定的事项对采购人承担连带责任。无论是单一的自然人、法人或者其他组织，还是由自然人、法人或者其他组织组成的联合体，均必须符合法定的供应商基本资格条件。采购人可以根据采购项目的特殊要求，规定供应商的特定条件，但不得以不合理的条件对供应商实行差别待遇或者歧视待遇。

按照政府采购法规定，参加政府采购活动的供应商应当具备下列六个方面的基本资格条件：

（一）具有独立承担民事责任的能力

就参加政府采购的供应商主体而言，主要是企业法人。企业要取得法人资格，必须满足以下条件：一是必须依法成立。二是有独立的财产。三是有自己的名称、组织机构和场所。四是必须独立承担民事责任。

（二）具有良好的商业信誉和健全的财务会计制度

良好的商业信誉是指供应商在参加政府采购活动以前，在生产经营活动中始终能够做到遵纪守法，诚实守信，有良好的履约业绩，是信得过的企业。健全的财务会计制度，是指供应商能够严格执行现行的会计管理制度，财务管理制度健全，账务清晰，能够按照规定真实、全面地反映企业的生产经营活动。在市场经济条件下，将政府采购项目交给这样的供应商办理，能够增强政府信心。

（三）具有履行合同所必需的设备和专业技术能力

这是保质保量完成政府采购项目必备的物资和技术基础。根据政府采购法规定，政府采购合同不允许转包，虽然允许分包，但中标或者成交的供应商要全面承担履约责任，即使是分包，也必须承担合同的主要部分或者关键部分。因此，参加政府采购活动的供应商必须具备履行合同所必须的设备和专业技术能力。

（四）具备依法缴纳税收和社会保障资金的良好记录

通过要求供应商依法纳税和缴纳社会保障资金，一方面是为了抑制一些供应商依靠偷逃税款、逃避缴纳社会保障资金等手段降低成本的行为，是从源头上促进公平竞争的重要措施之一；另一方面体现了政府采购目的的公益性和政策的导向性，即只有自觉履行对国家和社会义务的供应商才能从政府采购活动中获得自身的利益，同时，利用政府的采购行为向社会传递国家对依法诚信纳税和缴纳社会保障资金的鼓励政策。

> **想一想：**
> 我国建立政府采购供应商“黑名单”制度的意义？

（五）参加政府采购活动前三年内，在经营活动中没有重大违法记录

这里所称的在经营活动中没有重大违法纪录，包括高级管理人员犯罪、走私、诈骗等记录。提出参加政府采购活动前三年内这一时间要求，一是衡量企业信誉的重要标准。只要在参加政府采购活动前三年无重大违法记录就可以参加政府采购活动，成为政府采购的供应商。二是对社会和国家负责。由于政府采购目的是为社会公众提供服务，因此，从对社会发展和国家负责的角度，也需要对供应商提出特殊要求。三是保留进入采购市场机会。即仍然给有违法行为记录的供应商参与政府采购活动的机会，只是要有三年间隔期，并不是永远不能参加政府采购活动。

（六）法律、行政法规规定的其他条件

这里涉及的内容很多，如要符合国家的产业政策，要履行环保义务，要保护妇女和残疾人利益等。凡是不符合国家规定和要求的供应商，一律不得参加政府采购活动。对于特殊行业的供应商，国家还有特别要求。例如，建筑行业的供应商，应当取得建筑资质。至于这些特定条件，应根据采购项目的特殊性而定，有的项目对供应商有资质要求，有的项目有特种设备要求，有的项目有财务状况要求或者特殊专业人才要求等。虽然允许采购人对供应商提出特定条件，但采购人不得通过设定特定资格要求来妨碍充分竞争和公平竞争，制造人为的歧视政策。

二、供应商权利

供应商在政府采购活动中承担着向采购人提供合格的、符合采购人需要的采购对象的责任。没有供应商的参与，就没有政府采购。其权利必须得到充分尊重和保障。政府采购供应商的权利包括以下方面：

（一）公平参与采购权

供应商有权公平地参与政府采购活动。政府采购法要求，政府采购供应商原则上不搞资格认定工作，供应商只要符合政府采购法律规定的条件就等于获得了政府采购资格。政府采购监督管理部门、采购代理机构不得设置任何条件歧视供应商。其资格审查，也是审查供应商是否符合法律规定。在进行供应商资格审查时，必须公正、平等地开展审查工作，不能设定特殊的、歧视性的条件阻止特定供应商取得合格资格。

（二）获得采购信息权

供应商公开、平等地获得政府采购信息，是政府采购宗旨和原则的客观要求。供应商只有在能够获取信息的基础上，才能决定是否参加政府采购。因政府采购范围广、规模大，这项权利能否得到保障，直接决定着供应商的经济效益。采购人和采购代理机构必须按照公开透明原则，将应该公开的政府采购信息在指定媒体上及时披露，以便供应商及时掌握有关需求信息，作出经营决策。

> 讨论一下：
>
> 政府采购供应商维护自身权益的措施有哪些？

（三）采购质疑投诉权

供应商有权进行质疑和投诉并获得答复。由于供应商在政府采购活动中处于相对弱势地位，为保障其知情权并发挥其监督作用，政府采购法对供应商有权依法询问、质疑和投诉作出

了规定，并对采购人、采购代理机构和政府采购监督管理部门的答复、处理方式和时限等作出明确的规定。一是供应商对采购活动事项有疑问的，可以向采购人或者采购代理机构提出询问，采购人或者采购代理机构应当及时作出答复，但答复的内容不得涉及商业秘密。二是供应商认为采购文件、采购过程和中标、成交结果使自己的权益受到损害的，可以在规定的时间内，以书面形式向采购人或者采购代理机构提出质疑。采购人或者采购代理机构应当在规定的时间内作出书面答复。三是质疑供应商对采购人、采购代理机构的答复不满意或者采购人、采购代理机构未在规定的时间内作出答复的，可以依法向同级政府采购监督管理部门投诉，接受投诉的政府采购监督管理部门应当在规定的时间内对投诉作出书面处理决定并通知有关当事人。四是投诉人对政府采购监督管理部门的投诉处理决定不服或者政府采购监督管理部门逾期未作处理的，可以通过行政复议和司法途径依法寻求救济。

（四）要求保守秘密权

供应商有权要求采购人或采购代理机构保守其商业秘密。政府采购过程中会涉及供应商的诸多商业秘密，为促进公平竞争，保护合法权益，任何接触到这些商业秘密的采购人、采购代理机构、评标专家等，在采购方式的执行过程中，必须在供应商之间保守有关商业秘密。这既是供应商的法定权利和采购人或采购代理人的法定义务，也是采购人和政府采购代理机构应具备的基本道德水准和职业操守，同时也是采购人及其代理机构通过政府采购行为维护和提高政府形象所应该做到的基本事项。

（五）签订采购合同权

供应商有权自主、平等签订政府采购合同。供应商中标以后，有权根据招标文件的要求，自主地签订政府采购合同，并要求采购人遵守承诺，严格履行合同。所谓自主的签订采购合同，是指在签订正式合同时，任何单位和个人，不得随意变更招标文件中所规定的中标条件，不得以各种理由增加中标供应商的负担。在采购人变更或修改合同时，有权要求就合同变更事项进行协商，并维护自身正当的利益。经采购人同意，中标、成交供应商可以依法采取分包方式履行采购合同。

（六）依法监督采购权

供应商有权根据法律法规规定对政府采购活动进行监督。国际经验表明，供应商的监督是最有效的监督。在我国政府采购实践中，供应商有权了解政府采购的法律法规、方式、程序和步骤，有权了解招投标的整个过程，有权了解政府采购的有关规定，应当也能够成为政府采购工作的有力监督者。供应商有权对政府采购全过程的合法性、合规性进行监督。任何供应商都有权向政府采购有关部门检举政府采购过程中的违法违规行为。只有充分发挥供应商的监督作用，政府采购的原则和宗旨才能得到真正的保障。

（七）拒绝非法收费权

供应商对采购人或采购代理机构及其他有关部门在政府采购活动中的各种乱收费行为和各种不正当要求，可以依法拒绝。

（八）采购回避申请权

供应商有权对采购人员及相关人员参与采购活动提出回避申请。法律规定，在政府采购活动中，供应商认为采购人员及相关人员与其他供应商有利害关系的，可以申请其回避。

三、供应商义务

供应商在享有一定权利保护自身合法权益的同时，也必须承担相应的义务。供应商的义务主要包括以下内容：

（一）遵纪守法义务

供应商作为政府采购的重要当事人，必须认真遵守有关政府采购工作的各项法律法规和制度规定，以树立自身良好形象。如：必须依法正确处理与其他供应商的关系，积极参与公平竞争，不得以任何不正当的手段诋毁、排斥其他供应商参与竞争。必须依法处理与采购人、采购代理机构及其工作人员的关系，实现政府采购的目的，不得与采购人、采购代理机构及其工作人员和其他供应商串通，损害国家利益、社会公共利益和其他相关人的合法权益；不得向采购人、采购代理机构及其工作人员、评审委员会成员及其他相关人员行贿或者采取其他不正当手段谋取利益；在招标采购过程中，供应商不得私下与采购人进行协商谈判等。

> **想一想：**
> 如何做一个合格的政府采购供应商？

（二）接受审查义务

供应商必须自觉接受有关方面的监督检查。在政府采购活动中，供应商应该依法提供真实有效的证明自己参加政府采购的资格、资质和能力的资料，并依法接受、积极配合采购人、采购代理机构、政府采购监管部门和其他有关部门的审查、监督检查，如实反映情况，提供有关材料。任何弄虚作假，提供虚假证明材料，骗取政府采购供应商资格的行为、拒绝接受监管部门和其他相关部门监督检查的行为均是违法行为，将受到法律制裁，并承担相应的法律责任。

（三）履行合同义务

供应商履行合同承诺是法律规定的义务。包括：一是供应商中标或成交后，应当按规定与采购人签订政府采购合同，并严格按照承诺履约，不得拒绝与采购人签订政府采购合同，不得擅自变更或者终止政府采购合同；二是应当严格按照投标文件、协议、合同及承诺约定的条件履行义务，全面履行合同义务。供应商应当主动积极配合政府采购项目的验收工作；三是为采购人依法履行义务和行使权力提供必要的条件，实现政府采购合同的顺利履行。

第四节 采购代理机构权利和义务

一、资格认定原则和方式

政府采购代理机构分为集中采购机构和社会招标代理机构两种。采购代理机构中由政府设立的集中采购机构，不实行政府采购代理机构资格认定制度。

（一）资格认定原则

政府采购代理机构资格认定，应当遵循公开、公平、公正原则、便民原则和效率原则。

（二）资格认定方式

认定政府采购代理机构资格分为审批资格和确认资格两种方式。

1. 审批资格。适用于招标代理机构以外的机构申请政府采购代理机构资格，以及招标代理机构申请原招标代理业务范围以外的政府采购项目采购代理的资格。

2. 确认资格。适用于招标代理机构申请确认其原招标代理业务范围以内的政府采购项目招标代理的资格。招标代理机构，是指经国务院有关部门或者省级人民政府有关部门依照法律、行政法规规定认定资格的从事工程建设项目等招标代理业务的机构。政府采购代理机构可以依法在全国范围内代理政府采购事宜。任何部门、单位和个人不得采取任何方式，阻挠和限制政府采购代理机构依法自由进入本地区或者本行业的政府采购市场。

二、采购代理机构权利

采购代理机构最基本的职责是通过采购代理行为实现采购人的采购需求。政府采购代理机构的权利和义务主要是通过采购人与代理机构之间签订的委托代理协议进行约定。但是，政府采购不同于一般的商业采购，为落实政府采购的公开透明、公平竞争、公正和诚实信用原则，实现政府采购的目的，在政府采购的相关法规中对政府采购代理机构的权利和义务必须作出相应的规定。获准登记备案的代理机构在政府采购过程中依法享有以下权利：

（一）接受委托采购权

采购代理机构接受采购人委托办理政府采购事宜，必须与采购人签订委托代理协议，这既是其义务，也是其权利。签订代理协议之后，采购代理机构在合同约定的范围内，依法组织实施具体采购工作，包括编制招标文件、发布采购信息；组织接标、开标、评标和定标等活动；按照委托协议的要求，代理采购人与中标供应商签订采购合同等。应当注意的是，采购代理机构发现采购人在政府采购活动中有违法行为的，应当及时建议采购人改正。采购人拒不改正的，采购代理机构应当及时向采购人同级的人民政府财政部门报告情况，由财政部门依法处理。

（二）拒绝干预代理权

> **想一想：**
>
> 委托代理协议的构成要件包括哪些？

采购代理机构依法接受采购人的采购委托之后，必须按照政府采购法律法规规定具体承办有关采购事宜，享有协议约定的权利。其具体内容因委托代理协议约定的内容不同而有所不同，一般主要包括：一是依法审查核实投标人资质资格；二是组织开标；三是组织评标活动。在整个政府采购招投标过程中，政府采购代理机构有权拒绝、防范任何单位和个人对招投标过程的非法干预，保证政府采购过程合法有序地进行。

（三）监督采购履约权

采购代理机构按照委托约定监督合同履行和对采购结果进行验收。由于政府采购在代理机构代理情况下，代理机构参与了包括招标文件的制作、招标、评标、开标等整个政府采购过程，又具有较高的专业水平，可以按照委托协议的要求，在代理合同约定的范围内代理采购人监督合同的履行和进行政府采购合同履行的验收工作，有利于保证政府采购合同全面履行，实现政府采购的目的。

（四）完善采购网络权

一个成熟的招标代理机构必须建立自己的采购信息网络，不断完善采购信息网络，提高代理采购水平。通过建立采购信息网络，适应其业务不断发展变化需要，收集、整理和完善招标投标资料库和其他与业务相关的信息系统，包括供应商、产品和服务信息等。同时为了保证政府采购效率，适应政府采购管理的信息化趋势，政府采购代理机构还应该拥有现代信息技术设备，并能够运用现代科技手段完成政府采购代理工作。

（五）收取代理费用权

采购代理机构有权按国家有关规定收取招标代理服务费。政府采购招标代理机构是社会中介机构，其收入的来源主要是通过招标代理服务并收取服务费实现持续经营，这也是招标代理服务机构进行招标代理服务的主要目的。政府采购招标代理是整个社会招标代理服务机构服务的一个重要领域，在对采购人提供招标代理服务时，招投标代理机构有权依法要求供应商依照法定标准支付招标代理服务费。

三、采购代理机构义务

采购代理机构作为政府采购活动中的一个特殊利益主体，应当对包括自身在内的政府采购当事人负责，自觉履行政府采购法律、法规规定的义务，依法开展代理采购活动，维护国家利益和社会公共利益。就政府采购的具体操作过程而言，其义务和责任表现为以下几个方面：

（一）接受委托义务

采购代理机构应当遵守法律法规规定接受委托并为采购人提供良好服务。对于集中采购机构而言，有义务接受采购人集中采购目录内采购项目的采购委托，实施采购活动。社会招标代理机构应当按照采购活动的基本规则进行招标代理服务。任何单位和个人都不得干预和指定社会招标代理机构。

> **讨论一下：**
> 政府采购代理机构的收入来源主要包括哪些内容？

（二）信息公开义务

采购代理机构有义务将有关政府采购信息和招标结果向社会公开，接受社会监督。政府采购信息发布的内容及其方式因政府采购方式不同而不同。采购代理机构对代理的采购项目，应当按照法定信息公开方式和内容，在指定的政府采购信息披露媒体上发布采购信息。

（三）保守秘密义务

采购代理机构必须保守供应商的商业秘密。采购代理机构在依法发布政府采购信息的同时，必须履行其所承担的保密义务，有义务保守在代理政府采购业务中不能公开的供应商的资料、信息以及有关商业秘密。

（四）接受监督义务

采购代理机构应当依法接受政府采购监管机构的监督检查。具体包括：一是依法接受并配合政府采购监督管理部门的监督、考核工作，如实提供有关资料和数据，接受政府采购监督管理部门的业务培训和指导；二是自觉接受监察、审计部门的监督、审查和社会其他主体的监督；三是任何单位和个人都有权对采购代理活动进行监督。但是，法律同样禁止任何单位、个人以政府采购监督检查之名对政府采购代理机构的正常代理活动进行非法干预。

（五）答复质疑义务

采购代理机构在政府采购活动中，有义务对供应商提出的疑问和质疑按照规定及时作出答复，但答复的内容不得涉及商业秘密。

（六）保存档案义务

采购代理机构应当按照规定建立真实完整的采购档案，妥善保管每项政府采购活动的采购文件。在法定的保护期限保存采购文件，不得伪造、变造、变更、隐匿或者销毁政府采购的有关文件。

（七）禁止行为义务

具体包括以下内容：一是应当依法接受采购人的委托，按照有关部门批准、确定的采购方式和法定的程序组织实施代理业务范围以内的代理业务，不得向采购人行贿或者采取其他不正当手段谋取代理业务；二是在评审过程中，其工作人员不得发表影响评审委员会独立评审的任何倾向性、歧视性言论，并采取措施保证评审委员会独立评审；三是应依法管理供应商的投标保证金，不得挪用或者擅自处置供应商的投标保证金；四是不得向投标人和其他供应商收取不应收取的任何费用，如履约保证金；五是在代理政府采购过程中不得以任何名义组织对供应商进行考察等各项活动；六是不得接受或者邀请被禁止参加政府采购活动的供应商参加政府采购活动；七是不得强制供应商组成联合体参加政府采购，不得限制供应商之间的竞争等。

小资料

徐工签南美最大单笔订单　国际化步伐加快

日前，徐工产品喜获南美洲最大单笔出口订单，115 台 QY70、QY50、QY25 等中大吨位汽车起重机，已在连云港装船发往巴西。此次，徐工重型抓住了里约热内卢当选为 2016 年奥运会举办城市的良好机遇，一举拿下了这个南美洲最大单笔订单，创造了金融危机以后中国工程机械出口的新局面。

按照徐工集团的战略规划，要在 2015 年实现 1000 亿销售目标的话，光靠国内市场的业务，实现的难度很大，国际化道路将成为徐工日后布局的重点，而此次对巴西的市场的成功开拓，表明徐工集团加快了国际化发展步伐。

从国外的情况来看，在 2009 年全球排名前列的移动式起重机生产商中，徐工重型保持着全球移动式起重机领域第四的位置，但相比行业排名前三位的马尼托瓦克起重集团、利勃海尔和特雷克斯公司还存在着较大的差距，而这三家公司无疑都是国际化程度较高的企业。这表明，在未来一段时间内，徐工重型想要改写全球起重机行业格局的话，提高企业的国际化程度将是一条必经之路。

从国内的情况来看，我国所生产的起重机类型主要为汽车起重机和地面起重机两种，目前徐工重型在这两种产品的市场占有率已达到了89%和60%，再继续往上增长的空间已不大，而企业要实现跨越式发展的话，则不得不加大对国外市场的开拓。徐工重型自从2002年扭亏以来，在行业内创造了极好的成绩，目前在450吨以下的起重机市场上已具备优势，而在更大吨位的起重机市场上，仍然需要提升自己的技术水平。而通过走国际化道路，在开拓市场的同时，还可以吸收当地的优势人才来完成对自身技术的突破。目前，企业的国际化程度还不高，徐工重型在海外仅有两家装配厂，一家位于波兰，而另外一家有望于2010年在巴西建成投产。

思考题

1. 合格政府采购供应商应当具备哪些基本条件？
2. 政府采购社会中介代理机构应当具备哪些条件？
3. 简答采购人的权利和义务。
4. 简答供应商的权利和义务。
5. 简答政府采购代理机构的权利和义务。

案例分析

某市农业局委托当地集中采购机构，公开招标采购国家大型商品粮基地建设项目，采购预算价为700万元。但其以事先没有进行项目投资论证为借口，该农业局又委托中介机构针对此项目出具了工程建设预算510万元，在现场开标之前作为拦标价并告知各投标供应商。各投标供应商当时纷纷提出质疑，致使该项目采购程序就此“搁浅”。

案例思考：某市农业局的做法违反了政府采购法的哪些规定？会带来什么危害？应该如何严格执行政府采购法律法规的规定？

第三章 政府采购管理程序

学习目标

- □ 了解政府采购管理程序地位
- □ 了解政府采购合同的形成
- □ 了解政府采购文件的保存
- □ 了解采购项目批准和确立
- □ 了解政府采购合同的管理

第一节 政府采购管理程序的地位

政府采购程序包括管理程序和执行程序，管理程序主要是从监督管理的角度进行规定；执行程序主要是从执行的角度对采购方式的执行程序进行规定。本章所述以管理程序为主进行阐述。明确政府采购管理程序，即是建立政府采购制度的重要内容，也为做好政府采购监管工作打下坚实的基础。政府采购工作在某种程度上说具有范围广、环节多、链条长、难度大等特点。因此，政府采购管理程序规定是否严密和完整，直接关系到政府采购行为的规范及政府采购目标的实现。政府采购管理程序在政府采购制度中的地位，主要体现在以下几个方面：

一、规范政府采购行为准则

任何一项制度改革都必须制定和遵循一定的行为准则。采购是一项规范的活动，有一个完整的过程。俗话说，有规矩才会成方圆。这里的“规矩”就包括采购管理程序，规定采购活动应当遵循的步骤及次序，规定了各步骤中采购当事人的权利与义务及采购人应当开展的工作及衡量标准。有了这些“规矩”，就确立了政府采购的“游戏规则”，政府采购当事人和有关关系人就有了行为准则，采购行为自然就得到了规范，也就有了方圆，有利于采购活动的顺利开展和政府采购目标的圆满实现。

想一想：

政府采购管理程序与执行程序有什么区别？

二、规范政府采购原则表现形式

政府采购法规定的公开透明、公平竞争、公正和诚实信用等原则，是政府采购监管部门和执行当事人应当遵循的四大基本原则。政府采购原则是政府采购行为的总体规范，但并不是抽象的要求，要通过必要的程序详细地体现出来。具体地说，公开透明原则，要求采购活动全面做到公开。以采购方式的选择为例，要求采购人开展采购活动时要采用公开招标方式，要发布招标公告和中标公告；采用公开招标以外采购方式的，要获得政府采购监督管理部门的批准；采用法定采购方式的，采购人在采购活动完成后，应当将采购结果予以公告等。公平竞争原则，要求统一披露政府采购信息，要给予投标人足够的响应时间，要请符合资格条件的供应商参与采购活动，要按照平等、自愿原则签订采购合同等。公正原则，要求采购活动中要有监督制约，不得出现干预行为，一旦发生有失公正的行为就应当废标等。诚实信用原则，要求供应商如实提供有关资格文件，要按采购文件要求签订和履行合同等。

三、规范政府采购监督管理基础

政府采购法作为规范政府采购行为的基本法，有关政府采购的规定，都要通过规范程序予以落实。政府采购程序越详细、越严密，政府采购的监督管理就越具针对性、越容易到位。政府采购法全面规定了采购人、采购代理机构、供应商必须遵循的一系列内容。如政府采购法律规定采购人必须把年度采购项目编入政府采购预算，否则会导致不能付款；规定的集中采购目录和限额标准，是采购人必须遵循的采购项目范围；采购人必须按照政府采购法规定的一系列政府采购政策，在审查供应商资格、制定采购文件和评标过程中加以认真落实；关于供应商的资格，要求采购人在采购活动中进行审查；政府采购合同要在相应的实施阶段报政府采购监督管理部门备案等。有了明确的政府采购程序，政府采购监督管理部门才可能有效地履行监督管理职责，通过监督程序的合法性来保障采购行为的规范性和采购结果的合法性。

第二节
政府采购管理程序的内容

《政府采购法》规定的政府采购管理程序主要体现在法律的第四章和第五章，相关章节也有部分规定。必须通观《政府采购法》全文，同时考虑政府采购监督管理部门的有关职责，才能形成一个完整的政府采购管理程序。完整的政府采购管理程序可归纳为以下四大阶段11个步骤（表3－1）。

表3－1

政府采购管理程序	1. 采购项目批准阶段	（1）政府采购预算编制和批准
	2. 采购合同形成阶段	（2）确定采购模式
		（3）选择采购方式
		（4）执行采购方式
		（5）确定中标、成交供应商
		（6）订立采购合同
		（7）采购合同备案
	3. 采购合同管理阶段	（8）执行采购合同
		（9）履约验收
		（10）审核付款
	4. 采购文件保存阶段	（11）妥善保存政府采购文件

一、采购项目批准阶段

> **讨论一下：**
> 政府采购资金为什么必须实行预算管理？

这是政府采购管理程序的第一阶段。主要是解决采购项目的确立问题，是采购程序的第一步。采购项目确立的方式是通过编制和批准采购预算来进行的。按照《政府采购法》规定，政府采购资金为财政性资金。财政性资金是通过政府预算进行管理的，所以，政府采购资金也必须实行预算管理。

（一）确立采购项目的意义

按照《政府采购法》规定，政府采购应当严格按照批准的预算执行；负有编制部门预算职责的部门在编制下一年度部门预算时，应当将该财政年度政府采购的项目及资金预算列出，报本级财政部门汇总。部门预算的审批，按预算管理权限和程序进行。《政府采购法》作上述规定的意义包括：一是为政府采购监管和执行提供依据；二是遵循国际惯例；三是推进我国政府预算制度改革；四是加强政府采购计划性管理。

（二）确立采购项目的含义

《政府采购法》规定的含义归纳起来有以下几个要点：

1. 编审政府采购预算是政府采购程序的第一个环节。部门预算的实施有利于明确和细化政府采购项目。

2. 政府采购项目必须列入财政预算。部门和单位在编制的下一财政年度部门预算中，应当将政府采购的项目及资金预算列出，并报本级财政部门；没有列入预算的采购活动，政府不得拨款；没有资金保证的采购项目不能开展采购活动。

3. 部门预算的审批按预算管理权限和程序进行。政府采购预算没有单独编审程序，政府采购项目确立的过程，是随着部门预算的编审程序而完成的。

4. 经批准的部门预算才是政府采购执行的依据。政府采购项目必须按规定用途使用，采购项目不得超过预算定额。只有经批准后的采购项目，才有资金保障，才具有履行采购合同的支付能力。

在政府采购法相关规定执行中，应特别注意以下问题：一是依法深化部门预算编制改革；二是采购人要增强采购预算意识；三是政府采购管理机构要积极配合部门预算编制工作；四是要区分政府采购预算、部门预算、政府采购计划之间的关系。

二、采购合同形成阶段

这是政府采购管理程序的第二个阶段。在政府采购预算执行过程中，以政府采购合同签订为标志，把采购合同签订之前阶段叫做采购合同形成阶段。其具体内容包括确定采购模式、选择采购方式、执行采购方式、确定中标或成交供应商、订立采购合同和采购合同备案等六个步骤。

（一）确定采购模式

1. 确定采购模式的含义。法律规定的含义包括以下几个方面：

（1）规定我国政府采购的执行模式。即实行集中采购和分散采购相结合的执行模式。

（2）确定政府采购项目范围的管理体制。从全国范围看，各级政府的集中采购范围不能执行统一标准，要区别对待，但在同一地区必须保持统一性，否则就会出现随意性。

（3）规定集中采购范围的确定方法。按照法律规定，集中采购范围由省级以上人民政府确定，其方式是将属于集中采购范围的采购项目或品目编制成集中采购目录，以政府文件或政府批转财政部门文件形式予以公布。纳入集中采购目录的采购项目，不仅仅是通用商品，还包括特殊商品。

（4）规定纳入集中采购目录的采购项目的采购模式。即纳入集中采购目录的政府采购项目，应当实行集中采购。集中采购的具体形式视采购项目特点，由集中采购机构采购或者由部门组织集中采购。

2. 采购项目的实施。目的是明确政府采购项目的实施主体。具体含义包括以下几个方面：

（1）明确采购项目所有人。按照法律规定，适用《政府采购法》的采购项目，都是采购人的项目，集中采购机构不是采购项目的所有者。

（2）间接地对采购项目进行分类。按照法律规定，我国的政府采购项目分为两大类。其中，集中采购项目是指列入集中采购目录的采购项目，分散采购项目是指集中采购目录之外且达到限额标准以上的采购项目。

想一想：

集中采购的范围为什么要由省级以上人民政府公布的集中采购目录确定？

（3）间接规定我国集中采购的形式。根据法律规定，我国的集中采购分为集中采购机构的采购和部门集中采购两种形式。

（4）规定纳入集中采购目录的采购项目的具体实施主体。考虑到集中采购目录中具体项目的特点，法律规定，一是集中采购目录中的通用政府采购项目，必须由集中采购机构代理采购，部门和单位不允许自行采购。二是集中采购目录中涉及某些部门的特殊项目，属于非通用的，应当由相关部门实行集中采购，不必委托集中采购机构代理采购。三是纳入集中采购目录中的采购项目，但采购人按其专业要求需要特别定制，不宜实行集中采购，难以归集形成批量的项目，可以由该单位自行组织采购，但事前必须得到省级以上人民政府的批准，否则为违法行为。

（5）规定分散采购项目的采购组织形式。分散采购项目可以由采购人自行组织采购，也可以部分或者全部委托给集中采购机构代理采购。分散采购项目属于集中采购机构的自愿委托采购范围，这些项目是由采购人自行组织采购，还是委托给集中采购机构代理采购，由采购人自行确定。

3. 执行中应注意的问题。由于集中采购目录和采购限额标准是决定《政府采购法》适用范围的标准之一，因此法律规定对政府采购的管理和实践活动影响巨大。在执行中应注意以下几个方面：一是要全面认识政府采购问题；二是要明确集中采购目录的发布机构；三是限额标准的制定应授权至市县级人民政府；四是集中采购目录和采购限额标准一般应当按年度提前颁布；五是集中采购目录应按照组织主体分类编列；六是科学确定政府采购的限额标准。

（二）选择采购方式

1. 政府采购方式的种类。《政府采购法》对政府采购方式作了明确规定，即政府采购方式为公开招标、邀请招标、竞争性谈判、单一来源采购、询价和国务院政府采购监督管理部门认定的其他采购方式。其中，公开招标应作为政府采购主要采购方式。

2. 政府采购方式的选择。按照法律规定，开展政府采购活动时，必须采用《政府采购法》规定的采购方式以及国务院政府采购监督管理部门认定的其他采购方式，不得采用法律规定以外的方式。如果采用五种特定采购方式以外的其他采购方式，必须报国务院政府采购监督管理部门认定。

选择采购方式，是指采购人或者集中采购机构根据法律规定经批准选择招标采购方式还是非招标采购方式。采购人或者集中采购机构接到采购任务后，要全面客观地计算采购资金总额，其中，同类品目按照批量进行计算。如果采购资金总额达到了招标限额标准，应当采用招标采购方式。如果情况特殊需要采用公开招标以外采购方式的，必须在采购活动开始前获得县级以上政府采购监管部门的批准。如果应该采取公开招标方式而擅自采取其他采购方式，则是法律不允许的。

3. 公开招标采购方式的选择。政府采购工程进行招标投标的，适用《招标投标法》，但《招标投标法》没有规定的，应当适用《政府采购法》。

（1）法律规定含义。一是我国《招标投标法》具体规定了在中华人民共和国境内进行工程建设项目必须进行招标的范围。二是我国《政府采购法》对公开招标的范围、具体数额确定的管理方式、规避公开招标方式的行为等作出了规定。公开招标具体数额标准实行由中央、地方两级人民政府规定的管理体制。数额标准是界定是否采用公开招标方式的界线，此标准是强制性的，凡达到公开招标数额标准的货物和服务采购，都必须采取公开招标方式。公开招标数额标准适用于集中采购项目，也适用于集中采购以外限额标准以上的政府采购项目。

> **想一想：**
> 政府采购工程实行招标采购的依据包括哪些？

（2）执行中应注意的问题。一是规定具体数额标准时，要考虑本地区采购规模、财政支出水平等实际情况。二是县级及县以下政府采购采用公开招标以外的采购方式，由设区的市、自治州以上的人民政府规定。三是政府采购监督管理部门要切实履行好自己的审批职责，并且应当规定在什么情况下可以申请其他采购方式，以避免审批中的随意性。四是原则上一年当中不得采用其他采购方式采购相同项目的品目两次以上，否则属于规避行为。未经批准而采用其他采购方式采购数额标准以上的品目，或者先行采用其他采购方式采购数额标准以上的品目，而后补报申请手续的，属于违法行为。

（三）执行采购方式

执行采购方式，是指在政府采购方式确定的基础上，采购人应当按照国家和地方政府制定的政府采购法律、法规规定的各种政府采购方式的程序开展采购活动，不能以种种理由不执行或者以创新为由简化政府采购方式的程序。

按照政府采购法律法规规定，在执行政府采购方式时，应当注意以下问题：

1. 履行审批手续。如果采购人有特殊要求进行自行采购，必须按法定程序进行审批。如果是采购进口产品，也必须按规定履行审批手续等。

2. 实现委托采购。在执行招标采购方式时，如果采购机构缺乏独立招标能力，应当把招标事务委托给在省级以上政府采购监管部门登记备案的具有相应招标资质的社会中介机构承办，双方通过签订委托代理协议约定各自的权利和义务。

3. 严格规范程序。无论是执行何种政府采购方式，采购人和采购代理机构都必须按照法律规定的程序开展采购活动。

4. 适时公布预算。在招标采购中，采购人或采购代理机构应当在开标前公布采购预算。未在开标前公布采购预算的，评标结束后，不能以供应商报价均超过了采购预算、采购人不能支付为由予以废标。

> **讨论一下：**
> 规定采购人或采购代理机构在开标前公布采购预算的意义？

5. 依法变更方式。在招标采购中，在投标截止时间前提交有效投标文件的供应商，或开标后符合资格条件的供应商，或对招标文件实质性条款做出响应的供应商不足三家的，除采购任务取消外，采购人或采购代理机构应当向县级以上人民政府财政部门报告，由财政部门按照以下情形处理：

一是招标文件没有不合理条款且招标程序符合规定的，应当根据采购项目的实际情况，批准采取竞争性谈判、询价或者单一来源等方式采购。采取竞争性谈判、询价采购方式的，采购人或采购代理机构应当按照规定程序重新组织采购活动。

二是招标文件存在不合理条款或招标程序不符合法律规定的，应当责成采购人或采购代理机构修改招标文件，并按照规定程序重新组织招标活动。

6. 规范等标时间。货物或服务项目实行公开招标方式采购的，等标期不得少于20日；但符合下列情形之一的，等标期可以适当缩短，但最短不得少于10日。

一是采购人或采购代理机构已在财政部门指定媒体上发布一揽子本年度政府采购项目预备采购公告，且自发布公告之日起至发布具体采购项目的招标公告之日止已超过20日的；

二是采购人或采购代理机构本年度已在财政部门指定媒体上发布具体采购项目预备招标公告，且自发布预备招标公告之日起至发布正式招标公告之日止已超过20日的；

三是采购人或者采购代理机构分批采购采购标准相同的采购项目中第二批以后的采购项目，且已事先在财政部门指定的政府采购信息发布媒体上发布预备分批招标公告的；

四是公开招标不能成立，需重新进行公开招标的。

7. 采用邀请招标方式的，采购人应当按以下方式之一确定被邀请供应商：

一是按法规规定进行供应商资格预审，从符合相应资格条件的供应商中随机选择三家以上的供应商；

二是从省级以上人民政府财政部门设立的供应商库符合相应资格条件的供应商中随机选择三家以上的供应商。

8. 货物或服务项目实行邀请招标方式采购的，采购人与被邀请供应商就缩短提交投标文件期限事宜达成一致意见，并签订书面协议的，等标期可以适当缩短，但最短不得少于10日。

9. 采取单一来源采购方式进行采购的，采购人或采购代理机构应当事先取得采购人同级财政部门的批准。同时，应当在财政部门批准前将采购信息和唯一供应商名称在财政部门指定的媒体上公告，公告的时间不得少于5个工作日，但属政府采购法律法规规定情形的除外。

10. 政府采购法所称投标人的报价均超过了采购预算，是指所有投标供应商报价均超过采购预算。部分供应商报价超过采购预算，致使报价未超过采购预算的供应商不足三家的，视同投标人的报价均超过了采购预算。

讨论一下：

政府采购合同为什么属于民事合同？

（四）确定中标、成交供应商

1. 确定标准。不管执行何种法定采购方式，都要依据采购文件中事先规定的评标或者确定成交的标准，确定中标或者成交供应商。为了实现政府采购制度的目标，在同等条件下，应当优先考虑将政府采购合同授予符合国家政府采购系列政策要求的供应商。

2. 及时公告。除单一来源采购方式外，中标或者成交供应商确定后，要向其发送中标或者成交通知书，同时要将结果通知所有参加投标（参加谈判或者被询价）的未成交供应商。中标或者成交结果要在财政部门指定的媒体上发布公告，接受政府采购当事人和社会各界的监督。

（五）订立采购合同

1. 适用法律的规定。政府采购合同为民事合同。也就是说，采购人与供应商之间在政府采购合同的订立、合同效力、合同履行、合同变更、合同终止、违约责任等方面，必须按照合同法的规定执行。

2. 必备条款的规定。财政部会同国务院有关部门对政府采购合同的必备条款作出规定。按照《合同法》的规定，合同内容一般包括当事人的名称或者姓名和住所、标的、数量、质量、价款或者报酬、履行期限、地点和方式、违约责任、解决争议的方法。政府采购合同应当列示节能环保、自主创新、扶持中小企业等政府采购政策内容。

3. 订立合同的原则。采购人和供应商之间的权利和义务，应当按照平等、自愿的原则以合同方式约定。

4. 自签或者代签的规定。一是政府采购合同一般只能由采购人与中标、成交供应商签订。二是采购人可以委托采购代理机构代表其与供应商签订政府采购合同，但应当提交采购人的授权委托书，作为合同附件。三是采购代理机构接受采购人委托签订政府采购合同，不能以代理机构名义签订，而必须以采购人名义签订。

5. 签订合同期限的规定。一是按规定时间签订合同。要在中标或者成交通知书发出之日起30天内，按照采购文件确定的事项签订政府采购合同。二是承担法律责任。鉴于中标或者成交通知书发出后采购合同已经形成，因此，具有法律效力。采购人改变中标或者成交结果的，或者中标、成交供应商放弃中标、成交项目的，要承担相应的法律责任。

6. 合同形式的规定。一是签订书面合同。包括合同书、信件和数据电文（包括电报、电传、传真、电子数据交换和电子邮件）等可以有形地表现所载内容的形式。二是事前确认。如采用信件、数据电文等形式订立的，按照《合同法》的规定，要在合同成立之前签订确认书。

> **想一想：**
> 为什么要对政府采购合同实行备案制？

7. 其他规定。政府采购合同或相关协议确定合同金额或合同标的时，不得采取赠品、回扣等方式。中标、成交通知书发出后，除发生不可抗力外，中标、成交供应商应当与采购人签订政府采购合同。中标、成交供应商放弃中标、成交项目，拒绝与采购人签订合同的，其投标保证金应当由采购人没收并上缴同级国库，给采购人造成损失的，还应当赔偿损失，并作为不良行为记录在案。采购人可以按顺序确定下一中标、成交候选人为中标、成交供应商，并与其签订政府采购合同。采购人改变中标、成交结果的或以超出采购文件规定的理由拒绝与供应商签订政府采购合同的，应当依法承担法律责任。

（六）采购合同备案

1. 备案主体和机关。采购合同备案，是指采购人将采购合同副本按时报同级政府采购监管部门备案。如果现行其他有关规定有要求的，还要送有关部门备案。这一是有利于财政部门和政府其他有关部门对政府采购活动实施监督；二是作为财政部门审核拨付政府采购资金的重要依据。其他有关部门，是指依照其他有关法律、行政法规的规定对政府采购负有行政监督职责的政府有关部门，主要包括经贸、水利、交通、铁道、发航、信息产业等行政主管部门、建设行政主管部门等。

2. 备案时间。按照法律规定，采购合同自签订之日起7个工作日内，采购人要将合同副本报同级政府采购监管部门备案，不包括法定节假日。

三、采购合同管理阶段

政府采购合同签订以后，就进入采购合同的管理阶段。在这一阶段，管理主体发生了变化，主要是由采购人对供应商履行采购合同的情况进行管理。具体包括执行采购合同、履约验收和审核付款等3个步骤。

（一）执行采购合同

> **讨论一下：**
>
> 查一查招标投标法与政府采购法对合同执行的相关规定？

1. 合同分包的规定。一是经采购人同意，中标、成交供应商可以依法采取分包方式履行合同。值得注意的是，政府采购合同分包履行不等于政府采购合同全部转让，不得将全部项目或者采购项目中的主体或关键性项目转让给其他供应商，并不得再次分包。采购人不得强迫或者采取其他非法手段要求供应商分包，更不能与供应商恶意串通进行分包。二是政府采购合同分包履行的，供应商就采购项目和分包项目向采购人负责，分包供应商就分包项目承担责任。三是适用优先或强制政府采购优惠政策的采购项目不得采取分包方式履行合同。

2. 合同变更、中止或者终止的规定。一是政府采购合同的双方当事人不得擅自变更、中止或者终止合同。二是政府采购合同继续履行将损害国家利益和社会公众利益的，双方当事人应当变更、中止或者终止合同。三是有过错的一方应当承担赔偿责任，双方都有过错的，各自承担相应的责任。

3. 签订补充合同的规定。即政府采购合同履行中，采购人需追加与合同标的相同的货物、工程或者服务的，在不改变合同其他条款的前提下，可以与供应商协商签订补充合同，但所有补充合同的采购金额不得超过原合同采购金额的10%。补充合同的标的必须与原合同标的相同，除了数量和金额改变以外，不得改变原合同的其他条款。

（二）履约验收

《政府采购法》规定，采购人或采购代理机构应当按照采购文件、政府采购合同规定的标准和方法，及时组织对政府采购项目的验收。

1. 采购人要组织好验收工作。采购人要指定验收人员，全权负责验收签字工作。采购人将采购事务委托采购代理机构承办的，采购代理机构应当根据委托代理协议的规定，代理采购人组织验收。

2. 大型或者复杂的采购项目应请专业机构参加验收。在通常情况下，大型或者复杂的采购项目，对验收人员的技术要求比较高。为了增强验收能力，采购人应当邀请经过国家认可的专业检测机构参加验收。如果请专业检测机构参加验收，采购人或者受其委托的采购代理机构仍然为验收方。

3. 验收方的权利与义务。验收方对供应商的履约进行验收，最后要将验收情况在验收书上如实说明，并亲笔签字。验收方要对自己的验收意见负责，如果验收意见与事实不符，损害采购人或者供应商的合法权益，应当承担相应的法律责任。

想一想：

结合实际想一想应该如何提高采购项目的验收工作质量？

（三）审核付款

审核付款，是指财政部门对采购人的支付申请进行审核后，向供应商直接拨付采购资金的行为。政府采购项目不同于一般的商业项目，由于有政府资金提供强有力的保障，在资金支付方面的能力是没有疑问的。所以说，除特殊情况外，一般不存在预付资金问题。如果供应商有预付要求的，必须降低报价。

供应商的履约验收合格后，采购人应当按照采购合同约定支付采购资金。对于纳入财政直接支付的项目，由采购人向财政部门申请拨款，由财政部门直接将采购资金拨付给履约供应商。其他采购项目由采购人直接向履约供应商付款。

四、保存采购文件阶段

对于一个具体的采购项目而言，采购人货款付讫后，采购活动基本结束。但从政府采购管理程序的角度看，采购人的工作还未结束，还必须做好采购文件的整理和保存工作。

（一）必要性

采购文件是反映采购活动过程及各项决策的记录，完整妥善地保存采购文件，可以为政府采购的统计分析、总结经验教训、接受监督检查、处理纠纷等项工作提供客观依据。保存采购文件是国际通行做法。

（二）法律规定含义

1. 保存主体。根据法律规定，有义务保存采购文件的主体是指采购人和采购代理机构。其中，采购代理机构应当包括集中采购机构和社会中介机构。

2. 保存时间。采购文件的保存期限为从采购结束之日起至少保存15年。

3. 保存内容。保存采购文件的内容包括活动记录、采购预算、招标文件、投标文件、评标标准、评估报告、定标文件、合同文本、验收证明、质疑答复、投诉处理决定及其他有关文件、资料等。

采购活动记录至少应当包括下列内容：一是采购项目类别、名称；二是采购项目预算、资金构成和合同价格；三是采购方式，采用公开招标以外的采购方式的，应当载明原因；四是邀请和选择供应商的条件及原因；五是评标标准及确定中标人的原因；六是废标的原因；七是采用招标以外采购方式的相应记载。

（三）执行中注意问题

1. 专人负责。采购人和采购代理机构应当安排或指定专人负责本单位采购文件的收集和保存，并提供采购文件保存场所及必要的设备。

2. 保证采购文件的完整性、安全性和保密性。采购人和采购代理机构要建立采购文件档案管理制度，全面保存每项采购活动的采购文件。要加强采购文件的安全管理工作，防止调换、遗失、损坏等情况的发生。采购文件中的供应商投标文件，因涉及供应商的商业机密，没有得到有关方面的许可，不得对外提供。

3. 及时积累采购文件。采购人和采购代理机构内部具体开展采购活动的单位，在开展每项采购活动期间，要按《政府采购法》规定的采购文件及采购记录要求，注意及时收集、编写采购文件或者记录。每完成一个采购项目，应及时将采购文件进行整理，交内部有关机构保存。不能等到年终统一整理，否则容易丢失资料，难以保证采购文件的完整性。

4. 采购人和采购代理机构要高度重视采购文件的保存工作，接受财政等部门的监督检查。未按法律规定保存采购文件的，将会受到严厉惩罚。按照《政府采购法》第七十六条规定，采购人、采购代理机构违反本法规定隐匿、销毁应当保存的采购文件或者伪造、变造采购文件的，由政府采购监督管理部门处以 2 万元以上 10 万元以下的罚款，对其直接负责的主管人员和其他直接责任人员依法给予处分；构成犯罪的，依法追究刑事责任。

小资料

谁动了“工程招标办”的“奶酪”?

据报载，西北某市中心医院门诊楼工程招标项目，资金来源是国债资金和单位自筹，采购预算 500 万元，该市财政局在接到单位申报后确定采用公开招标方式采购，并由采购人委托甲招标代理公司招标。甲代理公司在与招标人签订委托代理协议后，随即着手准备招标相关事宜，招标公告在有关指定媒体上发布。奇怪的是，离招标文件出售截止时间只剩下三天了，却仅有一家供应商购买招标文件，代理公司的工作人员觉得很反常，可接下来的情况更令人出乎意料。仅有的一家已购领招标文件的供应商在招标文件出售截止时间当日“反悔”了，要求退还招标文件，结果一个完全依法定程序运作的工程招标采购项目竟无人问津。

代理公司将情况通知招标人并向财政部门报告，大家均认为“事出有因”。果然，财政部门负责政府采购工作的同志接到了该市建设局下设的“工程招标办”负责人的电话，该负责人责难“你们财政局凭什么抢了我的业务，如果你们不守规矩，我也不守规矩”。原来问题出在“工程招标办”这位负责人身上，财政部门的同志与多家经常参与工程采购的供应商联系，这些供应商起初均支支吾吾，后有几家“胆大的”“冒着风险”坦承：“其实我们公司很想参与这个项目，但‘工程招标办’负责人打电话不准我们参加，并威胁如果有谁胆敢参加财政部门组织的工程采购则将其打入‘黑名单’”。问题得到了进一步证实。

思考题

1. 按照《政府采购法》规定，确立采购项目时应该注意哪些问题？
2. 按照《政府采购法》规定，确立政府采购模式的含义是什么？
3. 我国《政府采购法》关于合同订立的规定内容是什么？
4. 我国《政府采购法》关于合同分包的规定内容是什么？
5. 按照《政府采购法》规定，如何选择采购方？
6. 政府采购活动记录应该包括哪些内容？

案例分析

某起重机招标项目，采购预算为600万元，共有6家投标供应商，评标方法为综合评分法。经过评审，合格投标为4家，得分最高的东方公司的报价也最低，排在中标候选供应商的首位。面对这样的结果，采购人愣住了，原来东方公司是“黑马”，采购人意向的供应商屈居第二，其负责人与现场监管人员“协商”欲授意评标委员会进行“技术处理”，遭到监管人员的断然否决。采购人心有不甘，提出以“标后考察”名义否决东方公司，同样遭到监管人员的无情回绝。监管人员指出：定标必须以评标报告为依据，“标后考察”可以搞，但其主要目的是核实投标资料的真实性和供应商的实际履约能力和营运状况，要坚持实事求是原则，尊重客观事实。看到监管人员如此坚决，采购人只得悻悻然作罢。

案例思考：上述采购人的做法违反了政府采购法律法规的哪些规定？会带来什么危害？应该采取什么措施遏制这种现象？

第四章 政府采购方式

学习目标

- □ 了解政府采购方式种类
- □ 了解竞争性谈判适用条件和程序
- □ 了解废标规定和处理
- □ 了解招标适用条件和程序
- □ 了解政府定点采购

第一节 政府采购方式分类

一、政府采购方式分类

（一）按招标范围分类

按招标范围，可将采购方式分为公开招标采购、选择性招标采购和限制性招标采购。

1. 公开招标采购。公开招标，是指招标人以招标公告的方式邀请不特定的法人或者其他组织投标。较之于其他采购方式，公开招标有以下优点：一是有利于实现政府宏观调控的目标；二是有利于促进公平竞争；三是有利于提高采购效益；四是有利于加强监督。正因为如此，公开招标是最主要的招标方式，大多数采购都是通过公开招标的方式实现的。

2. 选择性招标采购。是指通过公开程序，邀请供应商提供资格文件，只有通过资格审查的供应商才能参加后续招标；或者通过公开程序，确定特定采购项目在一定期限内的候选供应商，作为后续采购活动的邀请对象。选择性招标方式确定有资格的供应商时，应平等对待所有的供应商，并尽可能邀请更多的供应商参加投标。

3. 限制性招标采购。也称“邀请招标”，是指不通过预先刊登公告程序，直接邀请一定数量的供应商参加投标。邀请供应商的数量应该足以引起竞争。一般来说，邀请招标只是公开招标的一种补充形式，是公开招标的例外，只有在不适宜采用公开招标的场合才可使用。

（二）按是否具备招标性质分类

按是否具备招标性质，可将采购方式分为招标性采购和非招标性采购两大类。确定采用招标性采购和非招标性采购的重要标准之一是采购金额。一般来说，达到一定金额以上的采购项目，采用招标性采购方式；不足一定金额的采购项目，采用非招标性采购方式。

1. 招标性采购。是指通过招标的方式，邀请所有的或一定范围的潜在供应商参加投标，采购实体通过某种事先确定并公布的标准从所有投标人中评选出中标供应商，并与之签订合同的一种采购方式。招标性采购按接收投标人的范围，分为国际竞争性招标采购、国内竞争性招标采购、国际限制性招标采购和国内限制性招标采购。

2. 非招标性采购。是指除招标采购方式以外的采购方式。在有些情况下，如需要紧急采购、技术复杂不能事先确定标准或者采购来源单一等，招标方式并不是最经济的，需要采用招标方式以外的采购方式。另外，在招标限额以下的大量的采购活动，也需要明确采购方式。非招标性采购方式很多，主要有：询价采购、单一来源采购、竞争性谈判采购、自营工程等。

讨论一下：

询价采购方式执行中应该重点把握哪些环节？

（1）询价采购。也称货比三家，是指采购实体一般不需要正式的招标文件，只需向有关供应商（通常不少于三家）发出询价单让其报价，然后在报价的基础上进行比较并确定成交供应商的一种采购方式。这种方式只适用于采购现货或价值较小的标准规格设备，或者小型、简单的土建工程。但是，严格来讲，询价采购还是要编制采购文件，只不过程序上相对简单而已。

（2）单一来源采购。也称直接采购，即没有竞争的采购，它是指达到了竞争性招标采购的金额标准，但所购商品的来源渠道单一，或属专利、首次制造、早日交货、合同追加、原有项目的后续扩充等特殊情况。在此情况下，只能由一家供应商供货。

（3）竞争性谈判采购。是指采购实体通过与多家供应商进行谈判，最后从中确定成交供应商的一种采购方式。这种方法适用于紧急情况下的采购或涉及高科技应用产品和服务的采购。

（4）自营工程。是土建项目中所采用的一种采购方式。它是指采购实体或当地政府不通过招标或其他采购方式而直接使用当地的施工队伍来承建的土建工程。采取自营工程方式，有其严格的前提条件：一是事先无法确定工程量有多大；二是工程小而分散，或者工程地点较远，使承包商要承担过高的动员调遣费用；三是必须在不干扰正在进行中的作业的情况下进行施工并完成的工程；四是没有一个承包商感兴趣的工程；五是如果工程不可避免地要出现中断，其风险由采购实体承担比承包商承担更为妥当。对自营工程必须严格控制，否则会出现地区保护问题。

（三）按采购规模分类

按采购规模分类，可将采购方式分为小额采购方式、批量采购方式和大额采购方式。

1. 小额采购。是指对单价不高、数量不大的零散物品的采购。具体采购方式可以是询价采购，也可以直接到商店或工厂采购。

2. 批量采购。即小额物品的集中采购。其适用条件为：在招标限额以下的单一物品由个别单位购买，而且数量不大，但本级政府各单位经常需要；或单一物品价格不高但数量较大。具体采购方式可以是询价采购、招标采购或谈判采购等。

3. 大额采购。是单项采购金额达到招标采购标准的采购。适用的采购方式有招标采购、谈判采购等。

（四）按采购手段分类

按采购手段分类，可将采购方式分为传统采购方式和现代化采购方式。

1. 传统采购方式。是指依靠人力来完成整个采购过程的一种采购方式。如通过法定媒体发布采购信息，采购实体和供应商直接参与采购每个环节的具体活动等。

2. 现代化采购方式。是指主要依靠现代科学技术的成果来完成采购过程的一种采购方式，如采购卡采购方式和电子采购方式。采购卡类似于信用卡，采购卡由财政部门统一发放给采购实体，采购实体的采购官员在完成采购后付款时，只需划卡就行。采购卡一般适用于小额采购，能够节约大量的纸张费用。电子采购是指运用电子技术进行业务交易，包括电子邮件、电子信息、国际网络技术以及电子信息交换等。通过电子采购来发布采购信息并完成采购交易，解决了传统采购方式难以克服的时间和空间问题，使采购活动更加方便、快捷，大幅度降低了采购成本，提高了采购效率。

（五）按招标阶段分类

按招标阶段分类，可将招标采购分为单阶段招标采购和两阶段招标采购。

1. 单阶段招标采购。就是通过一次性招标，让投标商提交技术标和商务标，依据采购文件确定中标供应商的采购方式。

2. 两阶段招标采购。是一种特殊的招标采购方式，即对同一采购项目要进行两次招标。第一次招标是采购实体要求供应商提交不含价格的技术标，目的是征求各供应商对拟采购项目在技术、质量和其他方面的建议。第二次招标是采购实体根据第一阶段征求的建议修改招标文件，要求供应商按修改后的招标文件提交最终的技术标和价格标。两阶段招标很少使用，只有对大型复杂或技术升级换代快的货物，如大型计算机和通讯系统等，以及特殊性质的土建工程，事先准备好完整、准确的技术规格有困难或不易实现时，才采用两阶段招标方式。

二、国内与国际竞争性招标采购的区别

（一）国际竞争性招标的优缺点

国际竞争性招标是在世界范围内进行招标，国内外合格的投标商均可以投标。要求制作完整的英文标书，在国际上通过各种宣传媒介公开登出广告。它的特点是高效、经济、公平。

1. 优点。实践证明，国际竞争性招标虽然程序比较复杂，但确实有很多优点：一是

价格合理；二是可引进先进技术；三是有效竞争；四是公开透明。

2. 缺点。与其他采购方式相比，国际竞争性招标也存在一些不足：一是招标费用较高；二是准备文件较多；三是发展中国家所占份额较少。

（二）国内竞争性招标采购的适用条件

在政府采购延伸到国际贸易领域以前，或者是政府采购已经延伸到国际贸易领域，但采购实体所在国家和地区还未加入国际或区域性政府采购协议以前，国内竞争性招标采购的适用条件较为简单，凡是在本国或地区内能够组织生产或承建并能满足采购实体要求的货物或工程都可以参加招标采购，如果要实行竞争性招标采购，就必须采取国内竞争性招标采购方式。如果采购实体所在国家或地区已经加入国际性或区域性政府采购协议，除了协议中明确适宜国内竞争性招标采购的规定外，在下列条件下也可以实行国内竞争性招标采购。

1. 预期外国供应商对拟定的采购项目明显不感兴趣。

2. 外国供应商在国内没有相应的售后服务机构。

（三）国内与国际竞争性招标采购的主要区别

国内竞争性招标采购和国际竞争性招标采购的基本程序是类似的，但有关环节有所不同。

想一想：

目前我国政府采购法对供应商条件的规定？

1. 对供应商的限制不同。国际竞争性招标采购不能对外国供应商进行限制，而国内竞争性招标采购的投标人只能为本国供应商。

2. 信息发布不同。一是国际竞争性招标采购语言多，时间长；二是国内竞争性招标采购语言单一，时间相对短。

3. 资格审查不同。国际竞争性招标采购在对大型、复杂的土建工程以及非标准设备的采购时要对供应商进行资格预审，资格审查的基本要求包括经验、能力及财务状况等，对参加资格审查的供应商不应做出数量上的限制；国内竞争性招标采购主要审查供应商的基本资格，如果对供应商在专业上有特殊要求的，也要对其专业资格进行审查。

4. 投标不同。一是采用国际竞争性招标采购时，投标商不要求事先在当地政府机构注册，也不要求其在当地设有代理商，标书也不必用当地语言，也不能对其提出只能接受由当地银行开出保函的要求。关于投标所用的货币，如果预期用当地货币支出的，可用当地货币报价，国外支出可以用投标商本国的货币，也可用供应商本国的货币，或使用采购实体指定的任何一种国际通用货币。允许对当地供应商给予合理的优惠，但必须在事先的资格预审文件中做出说明。对运输和保险不应有特别限制，开标必须公开，在评标时不能有含糊的评标标准，最后应把合同授予具有最低评标价并有实质响应的投标商。在合同授予以前不允许与投标商进行价格谈判；二是如果采用国内竞争性招标采购，则应用本国语言投标，接受当地银行开出的保函，用当地货币报价和支付，一般不实行优惠政策，对运输和保险可以做出适当的限制。与国际竞争性招标采购一样，必须做到公开开标，使用明确的评标标准，把合同授予具有最低评标价并有实质响应的投标商，不得在合同授予以前与投标商就价格问题进行谈判等。

5. 合同履行不同。采用国际竞争性招标采购时，履约保证金不得只限于由当地银行担保，可担保的银行包括：当地银行，在当地有办事机构的外国银行，采购实体可接受的外国银行。工程合同的履约保证金不允许只限于银行保函的形式，采购实体也可以选择由一家保险公司或担保公司开出担保书的形式。对履行期超过一年的合同，可以考虑运用价格调整因素。在履约过程出现争端时，倾向国际仲裁。如果采用国内竞争性招标采购方式，可以规定只接受履约保证金由当地银行担保，工程合同的履约保证金仅限于银行保函的形式。一般不需要进行价格调整，但在高通货膨胀时或长期合同中，要考虑价格调整问题。如果履约过程中出现了争端，由当地法院或用当地程序仲裁。

三、政府采购方式的发展趋势

（一）竞争性招标采购仍是主要的采购方式，但比重逐渐下降

1. 竞争性招标采购的优点。在各种政府采购方式中，由于竞争性招标采购具有其他方式不可比拟的优点，使其成为主要的政府采购方式。其优点主要包括：一是有效地实现物有所值的目标；二是促进公平竞争；三是确保交易公正；四是减少腐败现象的发生。

> **讨论一下：**
> 请举例说明招标采购存在的缺陷和不足？

2. 竞争性招标采购的缺点。竞争性招标采购方式也有其不足之处，具体表现在：一是周期太长，费时太多；二是文件繁琐且很难考虑周全；三是影响标准化；四是缺乏弹性。

综上所述，尽管竞争性招标采购在公开、公正、公平和竞争性方面有其优势，但由于其自身的缺陷，使得招标采购虽然为一种非常理想的方式，也被世界各国大力推崇，但在实际工作中，真正使用竞争性招标采购方式的比重却不大。有关资料表明，真正使用竞争性招标采购方式进行的政府采购一般占 30% ~40%。从总体上来说，竞争性招标采购方式所占的比例不断下降。

（二）竞争性谈判采购方式逐步占居主导地位

在竞争性招标采购方式比重不断下降的同时，限制性招标采购和竞争性谈判采购所占比重不断提高，尤其是竞争性谈判采购在很多国家非常流行。竞争性谈判采购既有竞争性招标采购方式的优势，还可以弥补其不足之处。一是时间短，效率高；二是减少工作量，节约采购成本；三是最大程度地满足采购人需求；四是有利于保护民族产业；五是鼓励创新，转移风险。

综上所述，由于竞争性谈判采购方式既能体现充分竞争，又能体现灵活协商，使其逐渐成为占主导地位的采购方式。

（三）政府采购手段的发展趋势

在政府采购制度的日趋完善、国家信用制度的逐步确立和政府采购相关当事人依法采购意识不断增强的基础上，随着信息产业的高速发展和信息产品的普遍应用，将会为传统的采购手段带来一次彻底的革命，今后的采购手段将会逐步实现以电子化为主。电子贸易将会最大限度地节约人力、物力和财力，缩短采购周期，加快采购进度，提高采购效率。目前，发达国家基本上已经实现了采购电子化。我国政府采购法规规定，政府采购可以全部或部分通过电子系统进行操作，保证政府采购活动公开统一、安全通畅、高效便捷。

第二节 政府采购方式的适用条件

一、公开招标的适用条件

（一）适用条件

我国《招标投标法》和《政府采购法》对公开招标采购方式的适用条件都有具体规定。前边已经述及《招标投标法》规定的必须进行招投标的工程类别，这里不再赘述。按照《政府采购法》规定，在招标数额标准以上的采购项目，一律要求采用公开招标采购方式。其含义包括：一是政府采购工程进行招标投标的，适用《招标投标法》，其中工程公开招标标准要按国务院及其授权部门确定的标准执行；二是在执行《招标投标法》的同时，还应当执行《政府采购法》有关规定；三是《招标投标法》没有规定的，应当适用《政府采购法》；四是不适用《招标投标法》的政府采购工程项目，应当按照《政府采购法》规定执行。

根据我国的实践情况，《政府采购法》在招标数额标准确定上，没有实行一刀切，而是将中央与地方的招标数额标准分开制定。目前，我国尚处于实施《政府采购法》的初期阶段，招标数额标准应当实行动态管理，而且宜高不宜低。随着我国政府采购工作的深入开展，中央和地方的招标数额标准将逐步下调，实行强制性公开招标采购方式的范围也将相应扩大。

（二）区别两个概念

> **讨论一下：**
> 为什么说政府采购流程和招标投标流程是两个不同的概念？

招标投标流程和政府采购流程是两个不同的概念。招标投标流程只是采购流程中的一个环节。招标投标流程始于招标文件的制作，止于中标供应商的确定。而政府采购流程始于采购预算的编制，止于采购资金的支付，比招标投标流程长得多。《招标投标法》只能规范部分采购流程，不能规范其余环节，而其余环节也应当加以规范。《招标投标法》属于程序法，只能对招标和投标程序作出规范。要全面规范政府采购工程的采购行为，不仅要明确采购方式和程序，还要从实体上予以规范，包括工程项目采购预算编制要求、采购过程中应当接受的监督管理、采购活动中应当坚持的政策取向、采购合同的订立、采购资金的拨付等。《政府采购法》延伸了工程采购流程，强化了工程采购项目的监督管理，为实体法。因此，工程采购在执行招标投标规定的同时，还要按《政府采购法》的有关规定执行。

（三）努力强化公开招标的主导地位

在所有的采购方式中，公开招标最能体现政府采购制度的优越性。因此，必须努力强化公开招标的主导地位。

1. 严格公开招标以外采购方式的采用。政府采购监督管理部门要进行认真审核，严格把关。

2. 增强采购活动的计划性。要解决招标等标期过长的问题，关键是要增强采购活动的计划性，早做准备。采购人可以将采购项目在部门预算“二上”申报的时候着手进行准备，等到预算批复时，公开招标的前期工作基本完成，从而从源头上解决招标时间来不及的问题。

3. 从全局角度看待政府采购项目。这里所说的全局角度：一是指一个部门在一个年度内各内部和所属机构采购的总额；二是指政府集中采购。可以形成数量巨大、规模庞大的采购项目，总体规模远远超过了招标数额标准。

4. 正确定位，删繁就简。在实践中，采购项目特殊成为采购人选择公开招标以外采购方式的另一个主要原因。政府采购的目的是为了提供公共服务，采购的货物应当是最需要的，而不一定都要最好的。在政府采购中，最需要的产品通常是按照功能确定技术指标或者确定需求，功能指标越准确采购产品的性能则越好。而且，考虑的指标越少，竞争就越强，采购人获得的产品也就更好。

5. 不断创新，提高招标效益。目前，中央和地方普遍采用的采购协议供货和定点服务采购制度，就是提高招标效益的一种有效办法。还可以实行延续合同方式。同时，还要研究探索其他有效的提高招标效益的方式方法。

二、邀请招标的适用条件

（一）邀请招标特点

邀请招标采购方式是公开招标采购方式的一种衍生形式。具有以下特点：一是发布信息的方式为投标邀请书；二是采购人在一定范围内邀请供应商参加投标；三是竞争范围有限，采购人只要向三家以上供应商发出邀请标书即可；四是招标时间大大缩短，招标费用也相对低一些；五是公开程度逊色于公开招标。

（二）邀请招标适用条件

为了防止采购人过度限制供应商数量从而限制有效竞争，使这一采购方式既适用于真正需要的情形，又保证适当程度的竞争性，必须通过法律对其适用条件作出明确规定。邀请招标采购方式的适用条件主要有以下两种情形：

> **想一想：**
> 如何理解公开招标方式费用过大？

1. 只有采购项目比较特殊，如保密项目和急需项目或者因高度专业性等因素使提供产品的潜在供应商数量较少，公开招标与不公开招标都不影响提供产品的供应商数量的。

2. 若采用公开招标方式，所需时间和费用与拟采购的项目总金额不成比例，即采购一些价值较低的采购项目，用公开招标方式的费用占政府采购项目总价值比例过大的情况，采购人只能通过邀请招标方式来达到经济和效益的目的。

三、竞争性谈判的适用条件

竞争性谈判，是指采购人或代理机构通过与多家供应商（不少于三家）进行谈判，最后从中确定成交供应商。谈判的内容包括价格、技术规格、设计方案、服务要求等。与公开招标方式采购相比，竞争性谈判具有较强的主观性，评审过程也难以控制，容易导致不公正交易，甚至腐败。因此，必须对这种采购方式的适用条件加以严格限制并对谈判过程进行严格控制。竞争性谈判采购方式的适用条件主要有以下四种情形：

第一，经公开招标或邀请招标后，没有供应商投标，或者有效投标供应商数量未达到法定数量，以及重新招标未能成立的。这种情形包含了三种情况：第一，采用公开招标或者邀请招标方式后，没有供应商作出响应，至投标期截止时仍没有供应商前来投标；第二，采用公开招标或者邀请招标方式的，前来投标的供应商都不符合资格条件或者符合资格条件的不足三家；第三，再进行重新招标也不会有结果且重新招标不能成立的。

第二，技术复杂或者性质特殊，不能确定详细规格或者具体要求的。主要是指由于采购对象的技术含量和特殊性质所决定，采购人不能确定有关货物的详细规格，或者不能确定服务的具体要求的，在这种情形下，由于采购需求不明确，难以编写招标文件，无法进行招标。在军事和科研领域通常会遇到这类情形，如电子软件开发与设计。

第三，由于公开招标采购周期较长，当采购人出现不可预见的因素（正当情况）急需采购时，无法按公开招标方式规定程序得到所需货物和服务的。

第四，采购对象独特而又复杂，以前不曾采购过且很少有成本信息，不能事先计算出价格总额的。如对于大型或者成套项目，因项目构成很复杂，而且替代方案很多，在预算既定情况下，难以确定合适的价格，如果招标很可能因出现所有报价高于预算不得不废标的情况，可以选择通过谈判方式解决。

四、单一来源的适用条件

单一来源采购，也称直接采购，它是指达到了限额标准和公开招标数额标准，但所购商品的来源渠道单一，或属专利、首次制造、合同追加、原有采购项目的后续扩充和发生了不可预见紧急情况而不能从其他供应商处采购等情况。该采购方式的最主要特点是没有竞争性。单一来源采购方式只有在非常特殊的情况下才使用。按照法律规定，这些非常特殊的情况主要有三种：

第一，只能从唯一供应商处采购的。唯一是指基于技术、工艺或专利权护、首次制造等原因，货物和服务只能由特定的供应商制造或提供，且不存在任何其他合理的选择或替代的情况。这类情况通常是指专利产品、新型产品、定制产品、独家提供的服务等。

第二，发生了不可预见的紧急情况（非正常因素或非归因于采购人的因素）不能或来不及从其他供应商处采购的。

第三，更换供应商会造成不兼容或不一致的困难，不能保证与原有采购项目一致性或者服务配套的要求，需要继续从原供应商处添购，且添购金额不超过原合同采购金额的10%。添购是指在原有采购项目上增加，而不是新购置一种商品。否则属于购买另一种商品。

五、询价采购的适用条件

询价采购方式，就是我们通常所说的货比三家，这是一种相对简单而又快速的采购方式。询价就是采购人向有关供应商发出询价通知书让其报价，然后在报价的基础上进行比较并确定最优供应商的一种采购方式。与其他采购方式相比有以下两个明显特征：一是邀请报价的供应商数量应至少有三家；二是只允许供应商报出不得更改的报价。

询价采购方式一般适用于纯粹比价的采购项目。这类采购项目因货物规格、标准统一、现货货源充足且价格变化幅度小，其他方面都能符合采购人需求，差别主要是价格因素，因而只需通过价格比较就能确定所需产品。

六、政府采购方式的创新

我国《政府采购法》规定的采购方式并非固定不变，而是随着形势的发展和科技的进步，不断进行创新和完善的。

（一）定点采购

1. 必要性。随着政府采购制度的全面通行，要解决法定采购方式存在的不足，必须创新采购方式。目前，我国普遍采用的定点采购制度，就是提高招标效益的一种有效办法。定点采购包括协议供货和定点服务，采用定点采购是一种发展趋势，有利于进一步完善政府采购方式，节约采购成本，提高采购效率，切实方便采购人。政府定点采购是将采购效益与采购效率有机结合并找到最佳结合点的一种采购方式，造就了一举三赢的局面。

> **讨论一下：**
> 政府定点采购与招标采购的异同点？

2. 采购对象。集中采购目录中通用的小额零星的采购项目，可以实行协议供货采购和定点服务采购。协议供货的采购对象是货物供应商，一般是指政府采购目录内大宗的、相对标准化的商品，如汽车、计算机、复印机、多功能一体机、空调、冰箱等公务活动用品进行采购。定点服务的采购对象是服务供应商，一般是指政府采购目录内大宗的、相对批量的服务，如会议接待、汽车保险、汽车维修、公务印刷、办公用纸等公务活动服务进行采购。两者虽然采购对象不同，但在具体采购操作程序上是一致的。

3. 采购程序。从程序上看，定点采购是对采购人和采购项目进行的公开招标，是一定时期内通过一次公开招标、多次采购的方式，最终确定的是供应商的范围、产品和服务优惠率、最高限价、供货和服务期限及服务承诺等，与公开招标有异曲同工之处，符合公开公平公正的原则，这也是定点采购方式能够得到推广的基础。

4. 特点和优势。定点采购有以下特点和优势：（1）采购对象规模大同时规格标准化；（2）建立在商业诚信的基础上；（3）采购合同标准化；（4）采购人是多对多进行招标；（5）采购的灵活性；（6）满足了采购的及时性；（7）小额采购；（8）降低供应商成本；（9）规范政府采购市场。

但是，我们也不能否认，定点采购在制度执行中，还存在不令人满意的地方，如采购价格有时偏高、监管难度加大、供应商售后服务存在不足等问题，因此，为维护政府采购的形象和声誉，必须进一步加以完善。

5. 加强监管。可采取的措施包括：一是加强监督检查处罚力度；二是在招标时收取信用保证金对履约行为进行约束；三是建立协议供应商及采购人双方的投诉制度。

（二）电子采购

随着计算机技术和网络技术的发展，信息系统对推动政府采购不断完善的作用越来越明显。从政府采购的发展趋势来看，电子化政府采购开始成为政府采购改革的必然方向，也是克服传统采购不足的迫切需求。在各国实践中，电子化政府采购方式与传统采购方式相比，表现出了明显的优势：一是在经济效益方面，可以降低价格和管理成本，缩短招标准备时间，减少人为因素，增强采购及时性，提高采购准确性和质量，健全完善统计体系。二是在监督管理方面，实现全过程的公开透明，可以更有效地抑制采购中的腐败行为，促进政府采购中的廉洁，增进公众对政府采购制度的信心。三是在跨空间方面，打破地域限制，使采购的广度延伸到全球，同时为国内中小企业提供了更多的竞争机会。

第三节 政府采购方式执行程序

一、公开招标法定程序

按照《招标投标法》规定，公开招标方式的程序主要包括招标、投标、开标、评标和定标等五个主要环节。但从实际操作来讲，包括的环节还有其他内容。

如上所述，《政府采购法》规定政府采购工程进行招标投标的，适用《招标投标法》，但对政府采购货物和服务项目进行招标投标的，未具体规定招标投标程序。《政府采购法》中之所以未规定政府采购货物和服务项目采用公开招标方式也适用于《招标投标法》，主要是考虑到货物和服务招标投标的基本程序虽然与《招标投标法》基本相同，但现行《招标投标法》中有关程序中的具体规定未能体现货物和服务的特点。也就是说，货物和服务可以走《招标投标法》规定的程序，但不能执行其中的有关规定。根据政府采购货物和服务的特点，财政部通过颁布 18 号令《政府采购货物和服务招标投标管理办法》，对政府采购货物和服务的招标投标行为进行了规范。由于相关内容在有关章节分别进行了阐述，故不再详述。

二、邀请招标的法定程序

邀请招标一般可分为两个阶段：首先，确定合格供应商范围；其次，通过邀请合格供应商进行招投标。确定合格供应商范围的途径一般有以下几种：一是通过招标进行资格预审；二是建立合格供应商库；三是事先规定供应商的特定资格。因此，按照法律规定，在目前我国财政部门还没有建立起完善的供应商库的情况下，一般来说，要通过公开招标的形式实行资格预审，公开、公平、公正地选择符合资格条件的供应商；然后由符合资格条件的供应商参加后续投标；投标及以后程序完全执行公开招标的有关规定。资格预审公告的格式如下：

××省省直机关通讯服务中心一号台程控交换机采购项目资格预审公告

××招标采购服务有限公司受××省省直机关通讯服务中心委托，就其一号台程控交换机采购项目进行邀请招标，现欢迎符合相关条件的供应商参加资格预审。

一、预审项目名称及编号

××财邀请招标［××××］12号。

二、招标项目简要说明

本次采购项目是××省省直机关通讯服务中心一号台程控交换机，容量320线，其中48线为远距离用户，要求同时使用模拟中继和通过2M数据接口的数字中继，并且以后在原有设备容量的基础上能够方便扩容。要求设备主要部分采用热备份方式，实现故障自动切换。可接入远端用户模块，远端用户模块可提供宽窄带一体化功能。可根据用户需要与外局本型号交换机组成广域虚拟网，内部等位拨号等功能。

三、供应商资质要求

符合《中华人民共和国政府采购法》规定的供应商条件，且：

1. 具备合格投标人资格的公司不能将其资格授予下属公司使用参与投标，本次招标亦不允许联合体参与投标；

2. 注册资本不低于100万元人民币；

3. 所投产品的生产厂家，具有程控交换机企业认定资质；

4. 所投产品的生产厂家，取得ISO质量管理认证证书；

5. 熟悉××省省直机关通信系统；

6. 业绩或能力要求：具备将程控交换机接入省直机关通讯服务的技术能力并提供相应保证和证明材料；或者2006年以来具有省级机关程控交换机的成功案例。

四、资格预审文件发布信息

资格预审文件发售起止时间：××年9月15至9月23日。

资格预审文件出售地点：××招标采购服务有限公司。

资格预审文件出售方式：现场购买。

资格预审文件售价：300元人民币/份。

其他有关事项：购买资格预审文件时必须携带单位授权委托书、营业执照副本复印件（加盖公章）。

五、资格预审材料接收信息

资格预审材料接收截止时间：××年9月24日上午10:00。

资格预审材料接收地点：××招标采购服务有限公司××室。

六、其他有关事项

采购人将根据投标人的资格预审资料（各种证件完备程度、资质等级、业绩、人员、财务状况、技术水平等情况）、社会信誉等进行资格预审，选其优者进行投标。

七、本次招标联系事项

招标机构：××招标采购服务有限公司

购买招标文件联系人：××　××

联系电话：0371－65945493

联系地址：××市××路13号404室

邮政编码：4567891

开户行：××银行××分行××路支行

账号：8898519887775666

××招标采购服务有限公司

××年×月×日

按照法律法规规定，采购人或采购代理机构对供应商进行资格预审的，资格预审公告应当在省级以上人民政府财政部门指定的媒体上公告，公告期限不得少于5个工作日。资格预审公告应当包括采购人，采购项目名称及内容，采购项目需求，资格预审的内容、标准和方法，以及供应商提交资格证明文件的时间和地点。供应商应当在公告规定的期限内，按照公告要求提交资格证明文件。采购人或采购代理机构应当组织评审委员会对供应商进行资格预审。

三、竞争性谈判法定程序

竞争性谈判是政府采购方式之一，在国际上也广泛流行。从国外一些国家有关法律规定看，竞争性谈判采购方式与招标采购方式一样，都规定了相应的程序，使其在公开、公正和公平的原则下，规范地开展。采取竞争性谈判采购方式的，也应该按要求在指定媒体上公告采取这种采购方式的原因及执行结果。

（一）法定程序

按照《政府采购法》规定，采用竞争性谈判方式采购，要按照下列五个步骤执行：

想一想：

竞争性谈判采购方式在谈判中可以对实质条款作调整吗？

1. 成立谈判小组。符合竞争性谈判采购方式的采购项目，一般采购金额较大，具有技术复杂、性质特殊和不确定性等特点，需要由一支专业队伍组织采购活动。为此，法律规定要成立一个谈判小组，小组成员由采购人代表和有关专家三人以上的单数组成，其中专家人数不得少于成员总数的2/3。

2. 制定谈判文件。竞争性谈判虽然与招标是两种不同的采购方式，但基本要求相同。采取竞争性谈判采购方式的，也要在谈判活动开始前制定谈判文件。内容包括：谈判的具体程序，拟谈判的内容，合同草案，评定成交的标准，明确谈判小组应当考虑的具体因素及相关要求等。

3. 确定邀请参加谈判的供应商。谈判小组首先要规定参加谈判的供应商资格条件，然后从符合资格条件的供应商名单中确定并邀请不少于三家的供应商参加谈判。在给供应商发出谈判邀请时要提供谈判文件，作为供应商是否参加谈判决定时的参考依据。

××公安高等专科学校学生公寓家具采购项目谈判公告

××招标有限公司受××公安高等专科学校的委托，就其学生公寓家具采购项目进行竞争性谈判，现欢迎符合相关条件的供应商参加。

一、谈判项目名称及编号

××财竞争性谈判［2009］58号。

二、谈判项目简要说明

项目包号	货物名称	数量	交货时间及地点
A	高低床	862（套）	××年8月30日之前 ××新区××高校园区
B	学生宿舍铁皮柜	629（组）	

三、供应商资质要求

1. 谈判供应商具有独立企业法人资格；

2. 注册资金：不少于100万元（人民币）；

3. 具有固定的经营场所、良好的商誉及完善的售后服务体系的企业法人或其他经济组织，在法律和财务方面独立，并与采购人无任何隶属关系；

4. 最近三年内，在经营活动中没有重大违法、违纪行为；

5. 相关法律、法规规定的其他条件。

四、谈判文件发售信息

谈判文件出售时间：××年7月31日—××年8月6日每天8：00－12：00 15：00－18：30（节假日、公休日除外）。

谈判文件出售地点：××招标有限公司××市××路××号。

谈判文件售价：300元/套，售后不退。

其他有关事项：购买谈判文件时需携带企业营业执照副本复印件（加盖公章）、法人授权书委托书原件及被授权人身份证复印件。

五、谈判响应文件接收信息

谈判响应文件接收截止时间：××年8月7日上午9：00。

谈判响应文件接收地点：××招标有限公司开标厅。

六、谈判有关信息

谈判时间：××年8月7日上午9：00。

谈判地点：××招标有限公司开标厅。

其他有关事项：谈判时谈判供应商应派代表参加。

七、本次谈判联系事项

联系人：××、××

联系电话：0371－65993399　65955888

传真电话：0371－65993389
联系地址：××市××路××号
邮政编码：456789
汇款银行：××发展银行××分行××路支行
汇款账号：8898516018885452

××招标有限公司
××年7月31日

4. 开展谈判。在谈判活动中，为了维护谈判的公平和公正，谈判小组成员要作为一个集体与单个供应商分别谈判。谈判的任何一方或者谈判小组成员不得透露与谈判有关的其他供应商技术资料、价格和其他信息。在谈判小组与各供应商进行了相同轮次的谈判后，为了更好地实现采购目标，谈判小组可以修改谈判文件，但涉及实质性变动的，要以书面形式通知所有参加谈判的供应商。供应商收到修改谈判文件的通知后，可以决定是否继续参加谈判活动。

5. 确定成交供应商。谈判小组在谈判结束后，要求所有参加谈判的供应商在规定时间内提出最后报价，最后报价不能更改；超过规定时间提交的报价作无效处理。谈判小组要按照谈判文件规定的评定标准，对供应商提交的报价进行评审，确定成交候选供应商名单报采购人。采购人从成交候选供应商名单中按照符合采购需求、质量和服务相等且报价最低的原则确定成交供应商，并将结果通知所有参加谈判的未成交供应商。

（二）竞争性谈判与公开招标的区别

政府采购法律对竞争性谈判和公开招标两种采购方式的执行程序都作出了明确规定，如果机械地按照法定程序执行，会对当事人造成一些不便。因此，在实践中对程序进行了合理调整。从目前一些地区的实践情况看，两者在程序执行上基本一致，同样包括制定采购文件、公告、递交文件、开标、评标或者谈判、确定中标或者成交供应商等主要环节。但是，不同点还是很明显的，主要包括：

1. 名称不一样。从政府采购实践来看，采购文件和编号、供应商名称还是比较乱的，影响了政府采购工作的质量，必须对包括采购文件名称和编号、供应商名称等在内的内容从严规范。在公开招标时，采购人制定的采购文件叫招标文件，供应商递交的文件叫投标文件，采购文件编号一般要有××财公开招标［××年］第××号（总××号）的字样。而竞争性谈判时，采购人制定的采购文件叫竞争性谈判文件，供应商递交的文件应该叫竞争性谈判响应文件，采购文件编号一般要有××财竞争性谈判［××年］第××号（总××号）的字样。其他采购方式照此处理，以有利于采购文件的规范积累和管理。另外，在招标时，采购结果授予的是中标供应商；在使用谈判和其他非招标采购方式时，采购结果授予的是成交供应商。

2. 开标内容不同。公开招标的开标内容是公开包括投标价格在内的相关内容，主要内容是唱价格；而竞争性谈判的开标内容则不公开价格。

3. 等标期不同。公开招标的等标期法律规定是20天，而竞争性谈判的等标期不一定是20天。

4. 报价次数不同。公开招标要求供应商在投标时一次报出不能更改的价格，俗称“一口价”。而竞争性谈判可以多次报价，可以是两次，也可以是三次，最后一次是最终报价。

5. 实质性条款变动不同。竞争性谈判可以就一些实质性条款通过谈判进行商榷或调整。在谈判小组与各供应商进行了相同轮次的谈判后，为了更好地实现采购目标，谈判小组可以修改谈判文件，但涉及实质性变动的，要以书面形式通知所有参加谈判的供应商。供应商收到修改谈判文件的通知后，可以决定是否继续参加谈判活动。而公开招标的采购文件一旦确定，内容是不能更改的。

6. 采购方式改变不同。在招标采购中，在投标截止时间前提交有效投标文件的供应商，或开标后符合资格条件的供应商，或对招标文件实质性条款作出响应的供应商不足三家的，除采购任务取消外，采购人或采购代理机构应当向县级以上人民政府财政部门报告，由财政部门按照以下情形处理：如果是招标文件没有不合理条款且招标程序符合规定的，应当根据采购项目的实际情况，批准采取竞争性谈判、询价或者单一来源等方式采购。采取竞争性谈判、询价采购方式的，采购人或采购代理机构应当按照规定程序重新组织采购活动。

四、单一来源法定程序

单一来源是国际上通行的一种采购方式。这种采购方式的适用条件非常特殊，不具备竞争性，因而都没有对其采购程序作出规定。虽然规定具体程序确有一定困难，但对采取单一来源采购方式采购的，应当从法律上给予必要的约束。因此，《政府采购法》对单一来源采购方式提出一些基本管理要求，未直接作出程序性规定。

采取单一来源采购方式应当遵循的基本要求有：一是执行法定原则。单一来源采购尽管有其特殊性和缺乏竞争性，采购人与供应商应当坚持法律规定的原则开展采购。二是保证采购质量。虽然单一来源采购供货渠道单一，但也要考虑采购产品的质量，否则实行单一来源政府采购本身就没有意义。三是保证物有所值。单一来源采购虽然缺乏竞争性，但也要按照物有所值原则与供应商进行协商，本着互利原则，合理确定价格。除发生了不可预见的紧急情况外，采购人应当尽量避免采取单一来源采购方式。如果采购对象确实特殊，确有采取单一来源采购方式进行采购的必要，应当深入了解供应商提供的产品性能和成本，以便有效地与供应商就价格问题进行协商，尽量减少采购支出。

为了规范单一来源采购方式，虽然在程序上法律法规没有明确规定，但是，实践中做好还得按公告、制作标书、递交标书、评标、定标等程序来进行。单一来源采购公告实例如下：

××森威林业产业发展有限公司科普展馆
设计方案项目单一来源采购公告

××招标采购服务有限公司受××森威林业产业发展有限公司委托拟就科普展馆设计方案项目进行单一来源采购。现公告如下：

一、政府采购编号

××财单一来源采购［2010］5号。

二、项目情况

1. 项目名称：××森威林业产业发展有限公司科普展馆设计方案项目。

2. 政府采购方式：单一来源采购。

3. 采购控制金额：96万元人民币。

三、单一来源采购方式的原因

第二届中国绿化博览会是我国绿化领域层次最高的盛会。根据第二届中国绿化博览会有关绿化科普及宣传部分的计划要求，拟建绿色科普展馆，主要用于展示绿化知识普及和绿化建设成就。科普展馆是绿博园重要建设项目，其展览总体设计突出生态、环保、可持续发展的理念，以“以人为本，共建绿色家园”为主题，突出体现本届绿博会“让绿色融入我们的生活”的办会理念。

科普馆的设计需要由专业性强、经验丰富、技术力量强、有实力的设计公司设计、制作。由于中国第二届绿化博览会定于2010年9月26日至10月5日在我市召开，科普馆设计方案的落实直接影响到科普馆建设，必须尽快落实科普馆的设计方案，××千禾环境产业发展有限公司参与了第二届绿化博览会科普馆的初设方案，能够在短期内完成设计方案。科普馆的设计受工程特殊要求和时间限制的影响，故采用单一来源采购方式。

四、采购公告时间

2010年4月6日—2010年4月12日。有关单位和个人如对本项目采用单一来源方式采购有异议，请于公告时间内以书面形式向××招标采购服务有限公司提出。

五、本次招标联系事项

招标机构：××招标采购服务有限公司

联系人：××　××

联系电话：0371－65945477

联系地址：××市××路××号

邮政编码：450003

开户行：××发展银行××分行××路支行

账号：8898516011105444

××招标采购服务有限公司

2010年4月6日

五、询价采购方式法定程序

询价是政府采购的方式之一，由于缺乏程序性规定，在实践操作上随意性很大，询价效果难以保证，也容易产生腐败。因此，也应当像竞争性谈判和单一来源采购方式一样，对询价采购方式的程序作出规定，以规范询价采购行为。

按照《政府采购法》规定，采取询价采购方式的，必须按照下列程序执行：

第一，成立询价小组。适合询价的货物主要是简单标准的货物，在目前市场产品质量参差不齐的情况下，必须对质量符合国家有关规定的合格产品进行询价，不符合国家政策规定和质量不合格产品不得列入询价范围。为此，法律规定要成立一个不少于3人以上单数的询价小组，小组成员有采购人代表，还要有专家，其中专家应占询价小组成员总数的2/3以上。询价小组在开始询价采购前，要确定下列事项：采购项目的价格构成，是指货物本身售价还是应当包括运费、安装调试费、售后服务费等；评定成交供应商的标准，是以价格最低成交还是综合评审成交。

第二，确定被询价供应商名单。询价小组首先要根据采购需求，制定被询价供应商的资格条件，重点考察供货品种、信誉、售后服务网点等。然后根据资格条件确定被询价供应商名单，并以公平的方式从中选择三家以上供应商作为被询价对象。最后向这些供应商发出询价通知书。通知书中应当载明采购需求、价格构成、评定成交供应商的标准、报价截止时间等事项。

讨论一下：

询价采购方式与谈判采购方式的异同点？

第三，询价。按照法律规定，被询价的供应商只能一次性报价，报价提交给询价小组后，不得更改。

第四，确定成交供应商。询价小组完成询价工作后，要形成询价报告，提交给采购人，由采购人确定成交供应商。采购人在确定成交供应商时，必须严格执行事先确定的成交供应商评定标准。采购人确定成交供应商后，要将结果通知所有被询价的未成交供应商。

询价采购公告实例如下：

××县政府采购中心面粉询价公告

××县政府采购中心受采购人委托就其所需的面粉进行询价采购，欢迎具有供货能力的专业生产厂家或经销商参加询价。

1. 项目名称：面粉。
2. 项目编号：THXJ2010－001号。
3. 面粉质量：按GB1355－86技术要求，面粉等级为特一级。
4. 规格型号：每袋20公斤。
5. 采购金额：4.88万元（报价时需按采购人对面粉要求的标准分别报单价/市斤以及总价4.88万元所供面粉的总数量）。
6. 询价供应商资格：具有独立法人资格、独立承担民事责任的生产厂家或经销商。
7. 询价时间：××年×月×日。
8. 询价时需携带的资料：(1) 年检合格的营业执照副本原件及复印件；(2) 密封的报价单。

9. 询价地点：××县政府采购中心。
10. 供货地点：××县民政局。
11. 联系人：　王××　　李××
12. 电话及传真：12345678

××县政府采购中心
××年×月×日

第四节 政府采购废标条件及处理

招标作为政府采购的一种主要方式，在正常情况下，一般都能顺利进行。但在实践中，由于受到一些主观或者客观因素影响，使招标活动无法继续进行的现象也时常发生。按照法律规定，在这种情况下，通常是采取废标、重新招标或者采取其他采购方式等措施加以解决。

一、废标条件

所谓废标是指在招标采购活动中，由于投标供应商不足法律规定的数量，采购当事人有违法违规行为或其他影响招标采购结果公平公正的，采购活动因国家政策等不可抗拒的因素无法进行等情况，经过一定程序由政府采购监督管理部门批准后，对于已进行的招标予以废除，已确定中标人的，中标无效。

由于我国《招标投标法》没有规定废标情形，所以，按照《招标投标法》的规定，只要采取招标方式，无论发生什么情况，都必须进行下去。否则，就属于违法行为。在法律规定不能全面反映招标活动的情况下，一旦发生招标失败情形，如只有两家供应商参加投标等，采购人就处于进退两难的境地，由此发生的纠纷缺乏相应的法律依据予以处理，在一定程度上影响了政府采购工作的顺利进行。

《政府采购法》规定的废标，不是对某一投标人的投标不合格而作无效标处理，而是针对整体招标活动的，废止的是正在进行的投标活动。在招标活动中，应当作出废标决定的情形包括下列四种。

（一）有效投标人不足三家

有效投标人是指符合《政府采购法》规定条件的供应商或者符合投标文件规定并作出实质性响应的供应商。有效投标人不足三家，就没有达到采用招标采购方式的基本要求，表明竞争性不强，难以实现招标目标。

有效投标人不足三家的废标公告的式样如下：

激光多普勒粒子测速仪采购项目

项目编号：GC－HG090467
开标日期：××年××月××日
该项目因有效投标人不足三家，予以废标。
感谢本项目所有投标人对××政府集中采购工作的支持。
特此公告。

××政府采购中心
××年×月×日

（二）采购的公正性受到影响

在采购活动中，有可能发生下列情形：采购人与供应商为排挤其他供应商而串通；供应商之间相互串通，哄抬价格或者排挤其他供应商；招标文件明显有歧视性条款；招标活动受到了外界强烈干扰等。上述这些情形破坏了招标要求的公正、公平环境，如果继续下去，将严重损害有关当事人的利益。

（三）投标报价均超过了采购预算

根据《政府采购法》规定，政府采购项目不得突破预算额度。换句话说，就是批准的政府采购项目预算是采购支付的最高限额。一旦各投标人的报价都超过了采购预算，表明投标人的要价超过了采购人的支付能力，采购人不能签订采购合同，为避免不必要的经济纠纷，应停止招标活动。如果部分供应商报价超过采购预算，致使报价未超过采购预算的供应商不足三家的，视同投标人的报价均超过了采购预算。

超预算废标公告的式样如下：

××大学透射电子显微镜及其制样设备
采购项目废标公告

采购项目名称：××科技大学透射电子显微镜及其制样设备采购项目
采购人名称：××科技大学
采购代理机构全称：××招标有限责任公司
采购代理机构地址：××市××区××路67号××大厦15层（100142）
采购代理机构联系方式：电话：010－68726678，传真：010－68458999
招标公告日期：××年×月×日
废标日期：××年×月×日（招标文件编号：OITC－G10026009）
废标原因：所有投标人的报价均超过了采购预算
项目联系人：徐××

联系方式：电话：010－68729999，传真：010－68458999

××招标有限责任公司

××年×月×日

（四）采购任务取消

政府采购项目一经确立，原则上讲必须开展，不能取消。但在特定情况下，已经确立的采购项目或者已经开始招标的采购项目，必须取消。根据采购实践情况看，这些特定情况包括：因国家经济政策调整、压缩支出等政策因素，取消了原定的采购项目。如20世纪90年代初期，国家为了控制经济过热，就取消或者暂停了许多在建工程项目。再如，某些配套资金项目，涉及部分融资，在招标过程中采购人得知融资部分不能到位等。

采购任务取消公告式样如下：

××市公安局2010年购置警服政府采购项目（面料部分）中止公告

项目名称：××市公安局2010年购置警服政府采购项目（面料部分）

项目编号：BJJQ－2010－008－A

采购人名称：××市公安局

采购人地址：××市××区××大街99号

采购代理机构全称：××招投标代理有限公司

采购代理机构地址：××市××区××大街××里××号××国际中心B座502室

采购代理机构联系方式：65699177，65910978－331、332、333

项目联系人：段××、刘××、王××

首次公告日期：××年×月×日

中止日期：××年×月×日

中止理由：政策变更

中止事项：取消××年×月×日发布的《××公安局2010年购置警服政府采购项目（面料部分）招标公告》。

新招标公告：另行发布。

××招投标代理有限公司

××年×月×日

废标是为了保护政府采购当事人的合法权益，但在执行中应当注意防止采购人滥用废标权。因此，废标决定必须严格按照法律规定执行，做到慎重、准确。凡是不属于或者不符合法律规定的情形，不能采取废标处理。对发现超越法律规定情形采取废标措施的，要责令有关采购人撤销废标决定，继续招标评标，同时建议有关部门依照有关规定给予查处。为了使废标措施使用得当，对比较重大的采购项目废标决定，应当报经同级政府采购监督管理部门批准。招标项目废标后，采购人应当将废标原因及时通知所有的投标人。

二、废标后的处理

废标是因为招标失败，招标失败表明了采购人没有成功地确定需要的采购对象，预期的招标目标没有实现。那么，采购人在废标后，如何重新确定采购方式，成为《政府采购法》规定的一个重要内容。

在我国政府采购实践中，曾出现过废标情况，但采购人通常是随意改用其他方式继续开展采购活动，供应商意见较大。为此，《政府采购法》专门对此作出了规定，即废标后，除采购任务取消情形外，应当重新组织招标；需要采取其他方式采购的，应当在采购活动开始前获得县级以上人民政府采购监督管理部门或者政府有关部门批准。具体包括以下三个方面的内容：

（一）终止采购

即采购任务取消的，为采购活动的终结，不得再行开展。

（二）重新招标

法律规定废标的采购项目应当重新组织招标。废标并不意味着招标方式有问题，有可能是采购人确定供应商的资格条件过于苛刻，或者采购标准定得过高，还有可能是信息披露不充分造成投标供应商数量不够等。因此，采购人应当根据废标的具体原因，重新调整供应商的资格条件，或者调整采购需求，重新制定招标文件，继续开展招标活动。对于影响采购公正的违法违规行为，违法违规者将受到惩罚。与招标文件没有关系的废标，更应当重新组织招标。

（三）经批准后采取其他采购方式

废标后再进行采购的，如果因招标方式不适宜，确实需要采取招标以外其他采购方式的，应当事先获得县级以上人民政府财政部门或者政府有关部门的批准。如果这些部门有废标后采取其他采购方式要获得其批准的规定，应当从其规定。

小资料

浙江交通工程无标底招标

近日，浙江省金华市甬金高速公路金华段在该省率先成功实行了无标底招标，为该省交通工程推进无标底招标评标树立了榜样。

据了解，甬金高速公路金华段的路面、交通安全设施、绿化工程，共有9个标段，总投资近4.8亿元。其中，交通安全设施、绿化工程等6个标段以全部投标人报价中的次低价作为最高分；路面工程3个标段则是在全部投标人报价中，去掉3个最高价和1个最低价后的平均值下浮5%，作为最高分进行评标。这次无标底评标办法既比预期造价降低了4000多万元，又因取消了业主标底避免了人为因素影响，提高了招投标透明度。

据悉，公路工程无标底招标是今年该省交通厅22个重点课题之一。

思考题

1. 国际竞争性招标采购的优缺点是什么？
2. 简述国内和国际竞争性招标采购的主要区别。
3. 如何强化公开招标采购方式的主体地位？
4. 竞争性谈判采购方式的法定程序有哪些？
5. 简述竞争性谈判采购方式与招标采购方式的区别。
6. 简述政府采购废标条件及处理。

案例分析

某局委托当地政府采购中心以公开招标方式采购一批空调设备，预算价为320万元。有A、B、C、D、E、F 6家符合资格条件的供应商前来参加投标。投标报价分别为：299万元、287万元、206万元、239万元、239万元、258万元。经评标委员会综合评议，出具了推荐供应商C为第一中标候选人的评标报告，提交给该局。而该局根据评标报告认为，供应商C以打低价牌赢得评标委员会的信任，有恶意报低价的嫌疑，决定取消供应商C的第一中标候选人资格，确认排名第二的中标候选供应商E为中标供应商，并将此情况书面报告给了政府采购监督管理部门。

案例思考：上述某局的做法是否符合《政府采购法》的规定？为什么？

第五章 政府采购招投标实务

学习目标

- □ 了解招投标特征
- □ 掌握招投标程序
- □ 了解招投标文件内容
- □ 掌握开标、评标相关规定
- □ 了解采购合同签订与履行

第一节 招投标概述

政府采购招投标有一套完整统一的程序，这套程序不会因国家、地区和组织的不同而存在太大的差别。目前我国的政府采购招投标实践中，经常发生和接触的主要是国内招标采购活动，因此，本章内容以国内招投标采购为主进行阐述。

一、概念和特征

（一）概念

招投标作为一种高级的、有组织的、规范化的商品交易方式，是人类社会发展到一定历史阶段的产物。其产生取决于两个基本条件：一是市场经济制度的确定，竞争与开放的市场体系逐步形成；二是供求关系由卖方市场向买方市场转变。

作为一种交易方式，招投标由招标和投标两种相对的行为组成，没有招标就不可能有投标，没有投标，招标也就无法进行。所谓招标，有广义和狭义之分，广义的招标泛指招标和投标的整个过程，狭义的招标仅指买方通过发布公告或者发出投标邀请，征求供应商或者承包商的活动。所谓投标，是指卖方即供应商或者承包商根据招标公告或者投标邀请参与竞争，以获得合同机会的行为。

（二）特征

招投标与一般的交易活动相比有以下几个方面的特征：一是一种组织严密的交易方式；二是一种竞争性的交易方式；三是一种公开透明的交易方式；四是一种公平和公正有机统一的交易方式。

二、招标方式

想一想：

如何准确理解政府采购招标的公平和公正？

政府采购招标方式根据对投标人限制的程度可分为公开招标和邀请招标。

公开招标是指采购人公开发布招标信息，凡符合投标资格的供应商或者承包商均可参加投标的一种招标方式。

邀请招标也称限制性招标，是指采购人向特定的供应商和承包商发出投标邀请，受到邀请的供应商和承包商方可参加投标的招标方式。

三、招投标程序

招投标之所以是一种高级的、有组织的、规范化的交易方式，就是因为它有一套完整、严密、科学的程序。招投标程序是由前后相继、互相衔接的若干阶段组成。整个过程一般可以分为招标、投标、开标、评标和定标五个主要阶段。这五个阶段各有其相对独立的任务和内容，只有完成上一阶段的任务才可能进入下一阶段。以委托招标为例，具体操作程序如下：

（一）委托方填写委托书

采购人委托招标代理机构招标的，招标人应与代理机构签订招标委托协议。招标委托协议的主要内容包括：（1）项目基本情况；（2）委托的具体事项；（3）采购人与代理机构各自的责任和义务；（4）委托协议的变更和终止；（5）违约责任；（6）有关费用；（7）其他。政府采购委托代理协议书的具体格式和内容如下：

××省政府采购项目委托代理协议书

甲方（采购人）：××采购人

乙方（采购代理机构）：××招标采购服务有限公司

根据《中华人民共和国政府采购法》，甲方自愿将本单位政府采购××项目委托乙方组织实施招标采购。乙方愿意接受甲方委托，按照政府采购有关规定，在甲方委托事宜范围内依法组织政府采购工作。经甲乙双方协商一致，现就有关事宜达成如下协议：

一、项目基本情况

1. 项目品名：××单位信息类设备项目

2. 技术规格及要求

3. 预算金额：6889 万元

二、甲方委托乙方的具体事项

1. 采购方式：公开招标

2. 编制、发售招标文件：是

3. 解释招标（谈判）文件：是

4. 在指定媒体上发布招标（采购）公告或投标邀请函：是

5. 落实开标、评标地点：是

6. 编制评标办法：是

7. 抽取专家，组建评标委员会：按照同级政府采购管理部门规定组建

8. 邀请甲方纪检部门现场监督：是

9. 按照规定接收投标（谈判响应文件）：是

10. 组织评审工作：是

11. 整理评审报告送采购人：是

12. 发送中标（成交）通知书：是

13. 在指定媒体上发布中标、成交公告：是

14. 签订政府采购合同：否

15. 项目验收：否

16. 协调处理合同执行中遇到的问题：否

17. 答复供应商的询问和质疑：属操作程序方面的由乙方进行解答，属技术方面的由甲方进行解答。

18. 招标采购活动有关文件报送备案及保存管理：是

三、甲方的权利和义务

1. 招标活动中严格按照法定程序和政府采购管理部门的管理要求执行。

2. 甲方以书面形式指定一名项目联系人，代表甲方处理招标采购过程中的有关事宜。

3. 甲方应向乙方提供委托项目的技术指标、质量标准和服务内容等书面材料和要求。

4. 甲方应对乙方编制的招标文件（谈判文件、询价文件）予以审核并书面确认。

5. 甲方应按照同级政府采购管理部门规定确定评标委员会（谈判小组、询价小组）人员组成。

6. 甲方有权就委托的项目提出合法、合理的要求，提供的技术和商务要求必须体现充分竞争原则，但不得指定供应商或指定采购品牌，以及含有倾向性或者排斥潜在投标人的要求。

7. 甲方有权利派代表参加评标委员会（谈判小组、询价小组），将确定的采购人代表通知采购代理机构并出具书面材料，但不得非法干预、影响评标办法的确定，以及评标过程和结果。项目评审期间除采购人代表、纪检监督之外的人员不得进入项目评审会场。

8. 甲方有权利确定中标、成交供应商，但必须按照评审报告中推荐的中标、成交候选供应商顺序确定。

9. 甲方有权利对乙方在招标采购过程中的行为进行监督。

10. 中标（成交）公告发布之日起七个工作日内不得索取除谈判报告之外的和该项目相关的材料。

11. 甲方有义务保守采购过程中有关商业秘密。

12. 甲方应遵守法律法规和各项政府采购制度。

四、乙方的权利和义务

1. 招标活动中严格按照法定程序和政府采购管理部门的管理要求执行。

2. 乙方应接受甲方监督，维护甲方和供应商的合法权益。

3. 乙方应根据甲方要求向甲方提出科学的招标采购方案，并根据甲方需求提出合理化建议。

4. 乙方应根据甲方要求编制招标文件，并报甲方确认。

5. 乙方应满足甲方的合法、合理要求，但对违法违规以及无理的要求应予拒绝。

6. 乙方可以根据需要，就招标文件征询有关专家或者供应商意见。

7. 乙方应及时答复供应商的询问和质疑。

8. 乙方有义务保守采购过程中有关商业秘密。

9. 乙方有权依法收取采购代理服务费用。

10. 乙方有权向政府采购监督管理部门反映甲方在招标采购过程中的违法违规行为。

11. 乙方应遵守法律法规和各项政府采购制度。

五、委托协议的变更和终止

甲乙双方在协商一致的情况下，可以在法律法规许可范围内对委托协议内容作出变更；如因政策原因，致使采购项目发生更改或撤消，本协议应作相应变更或终止。

六、违约责任

甲乙双方应遵守法律法规和本协议规定，否则，将承担相应的法律责任。因违约造成经济损失的，由违约方承担。

七、有关费用

乙方承担组织项目招标采购活动的全部费用。

乙方按照中标合同金额的0.5%向中标供应商收取中标服务费。

八、其他

1. 本协议自甲乙双方签字盖章之日起生效。本协议一式两份，甲方一份，乙方一份。

2. 其他未尽事宜由双方协商研究决定。

甲方：（盖章）	乙方：（盖章）
负责人签字：	负责人签字：
年　月　日	年　月　日

（二）招标代理机构接受委托

招标代理机构接受委托后进行立项，并审核委托方的要求是否符合国家法律、法规的规定。

（三）招标代理机构制作招标文件

目前招标文件的格式不是很统一，一般包括投标邀请函、投标方须知、项目技术和商务要求、投标文件格式和合同五部分内容。

（四）采购人确认招标文件

采购人确认招标文件应在招标文件确认书上签字、盖章。

（五）发布标讯或者发出投标邀请书

公开招标的，招标采购机构可以通过政府采购媒体公布招标信息。邀请招标的，由招标采购机构直接向供应商或者承包商发出投标邀请函，或者在法定媒体发布邀请公告。

讨论一下：

为什么采购文件要由采购人确认？

（六）组成评标委员会

评标委员会是评标的权威机构，其工作质量直接决定招标的成败。因此，必须严格按照《政府采购法》的有关规定组成评委会。

（七）开标

招标采购机构按照招标文件上的规定举行开标仪式，内容包括：接收投标文件，公布投标单位名称，宣布评标方法、定标原则和注意事项，公证员致公证词。最后进行唱标，内容为投标文件中开标一览表的规定内容。

（八）评委会评标

评标委员会根据招标文件的要求对投标文件进行评审，先进行初评，再进行终评，确定经济和技术响应最优的单位为候选中标供应商。

（九）评委会作出评标结论

评委会作出评标结论。然后由采购代理机构向采购人发出确认函。

（十）采购人确认中标结果

采购人在法律规定时间内确认中标供应商名单，并在确认函上签字、盖章，如有异议必须书面提出原因。

（十一）发中标通知书

招标代理机构在获得采购人确认中标结果后，应当向中标供应商发出中标通知书。同时将中标结果按法律规定在政府采购媒体上进行公告。

（十二）签订合同

中标供应商与采购人在规定时间内按招标文件和中标人的投标文件订立书面合同，并在规定时间内将合同副本报送政府采购监管部门备案。

第二节

招　　标

招标是招标采购的第一阶段，在这一阶段需要做大量的基础性准备工作，其具体工作可由采购人自行办理，也可委托给具备招标资格的社会中介机构办理。

一、政府采购计划

政府采购计划严格说来并不是招标程序的一个组成部分，但与政府采购招标有着密切的联系。采购计划是招标的依据，招标是采购计划实现的主要方式。

采购计划是指政府部门根据批准的资金使用方案编制的采购项目和组织采购的工作方案。根据计划期限不同可分为年度采购计划、季度采购计划和具体项目采购计划。一般包括如下内容：一是政府采购项目；二是政府采购的资金安排；三是采购项目的具体数量、配置要求及完工或交付使用的时间；四是政府采购的具体组织安排。

二、委托招标

（一）委托人与受托人

根据政府采购法规规定，采购人自行组织招标必须具备规定的条件，否则必须委托政府采购代理机构。因此，在实行招标方式采购时，采购人一般应当委托政府采购代理机构。采购人委托采购代理机构招标的，应当与采购代理机构签订委托协议，确定委托代理的事项，约定双方的权利和义务。在这种委托关系中，采购人是委托人，接受委托的政府采购代理机构是受托人。

（二）采购人委托招标具体要求

采购人委托招标应当履行一定的手续，其具体要求如下：一是委托招标的必须是采购人；二是必须提供采购项目获得批准的有效文件。

（三）委托协议

委托人与受托人建立委托关系应当订立书面委托协议，即委托合同。采购人填写委托招标合同时，应当注意以下问题：一是委托内容必须合法。二是采购项目应当提供可操作的技术要求。有关项目要求的文件可作为合同的补充文件。采购人在委托招标时，一般不得指明生产厂家、产品品牌等。三是采购人对招标时间的要求必须符合法律的规定，并应给招标机构编制招标文件预留必要的时间。

三、编制招标文件

（一）编制要求

招标文件也叫标书，是由招标代理机构编制的有关招标的各种书面要求。招标文件不是一个单一的文件，而是由若干个相对独立又互相联系的文件组成的文件系统。招标文件是招标的基础性文件，在招标过程中有着十分重要的作用。首先，它是招投标双方的行动准则和指南；其次，它是供应商参加投标和编制投标文件的依据；第三，它还是签订政府采购合同的基础。因此，编制招标文件必须做到完整、准确和合法。

（二）招标文件内容

招标采购单位应当根据招标项目的特点和需求编制招标文件。招标文件一般应当包括以下主要内容：

1. 投标邀请函。包括项目名称、项目编号、投标人资格要求、购买标书时间、标书费用、开标时间、开标地点、招标方联系人、地点和电话等。

2. 供应商须知。供应商须知即具体制定投标的规则，使供应商在投标时有所遵循。其主要内容有：

（1）招标中一些重要名词的定义和解释。如招标机构、合格的供应商、本次招标的范围以及对招标文件的解释权等。

（2）投标程序介绍。如开标仪式内容，唱标内容、评标过程、中标结果的产生，中标通知书的发出以及中标后的合同签订，招标评标时间期限及其延期手续以及对在投标中发生的事故，如投标方撤回投标等的处理方法等内容。另外，还需向投标方介绍投标过程中应注意的问题。

（3）投标文件的制作要求。如投标文件应包括的内容、报价的货币单位以及投标保证金的形式、投标文件如何签署等。

（4）投标文件的密封和递交。如投标文件的正、副本数量，正、副本的区别方式及其包装和密封方法；投标保证金以及开标一览表的包装及密封方法；所有投标文件包装封面上应写明的内容。另外，还要介绍递交投标文件的方法、时间和地点，并再次重申招标方对迟到的投标文件的处理方式。

（5）评标委员会。如评标委员会的组成方式、评委会人数的限定、专家评委在评委会中所占的比例，以及评委在评标过程中应注意的事项等。

（6）评标结果产生的方法。如评标方式、评比内容、询标及投标文件澄清的修改、定标原则和有关注意事项等内容。

（7）投标费用及中标服务费。如参与投标所产生的费用的承担、投标保证金与投标价的比例、中标服务费的收取比例等内容。

（8）评标标准和评标方法。评标标准和评标方法必须在招标文件中公开载明，并不得随意改变。凡未在招标文件中公开的评标标准和评标方法不得作为评标依据。

（9）投标保证金。投标保证金是为了防止供应商在投标有效期内任意撤回其投标，或中标后不签订合同，使采购人蒙受损失。投标人投标时，应当按招标文件要求缴纳投标保证金。投标保证金可以采用现金支票、银行汇票、银行保函等形式缴纳。投标人未按招标文件要求缴纳投标保证金的，招标采购单位应当拒绝接收投标人的投标文件。

在货物和服务招标中，招标采购单位规定的投标保证金数额不得超过采购项目概算的1%。联合体投标的，可以由联合体中的一方或者共同提交投标保证金，以一方名义提交投标保证金的，对联合体各方均具有约束力。招标采购单位应当在中标通知书发出后五个工作日内退还未中标供应商的投标保证金，在采购合同签订后五个工作日内退还中标供应商的投标保证金。招标采购单位逾期退还投标保证金的，除应当退还投标保证金本金外，还应当按商业银行同期贷款利率上浮20%后的利率支付资金占用费。

> **想一想：**
> 为什么政府采购供应商要缴纳投标保证金？

如果供应商有下列行为之一的，应没收其投标保证金：供应商在投标有效期内撤回投标；供应商在收到中标通知书后，不按规定签订合同；供应商在投标有效期内有违规违纪行为等。

3. 项目要求。包括技术要求和商务要求。以货物招标为例，技术要求包括投标人的资质条件、采购项目的技术规格等。商务要求包括投标有效期、签字盖章、投标文件的内容和格式、交货期、质保期、付款条件、业绩证明、售后服务承诺、反商业贿赂承诺等。如果有必要，还应介绍采购项目背景材料，以利于投标单位全面了解招标方的采购意图。此部分由用户与招标代理机构共同制作。

4. 合同条款。根据采购对象的不同，可参照采购对象所属行业主管部门所制定的标准合同制作合同范本，如没有标准，则依据《合同法》的有关规定制作合同范本。其主要内容包括：协议双方名称、供货范围或工程简介、合同包括的文本以及协议双方的责任和义务等。

5. 投标文件。内容包括法人代表授权书、投标书、资格证明文件、供应商资格声明、制造商或其指定总代授权书、投标报价表格、技术资料、业绩证明资料、售后服务承诺书、反商业贿赂承诺书等。

（三）编制程序

1. 组织编写人员。一般的招标采购项目，招标机构的工作人员可以按照以往的案例进行招标文件的编制工作。但遇到一些比较复杂的新项目时，在组织编写人员时还应聘请有关的技术专家和行业主管部门的人员进行审查论证。

2. 研究委托要求。内容包括项目背景、技术要求和商务要求以及财政主管部门的采购批准标准。

3. 了解与招标项目有关的国家法律、法规的要求。

4. 向招标项目行业主管部门了解行业管理要求，同时进行市场调查。

5. 与委托方共同确定对投标人的资格、技术及商务要求。对投标人资格的确定是招标工作中的一个重要环节。因为通过限定投标人资格，可以从侧面影响到招标的公正和公平性。所以，在与委托方讨论这个问题时，应先了解项目的基本规模和难度，并结合行业管理的政策，制订出一个合适的标准。这个标准不能太严，不然会导致由于参加投标人不足而出现招标无效的情况；也不能太松，否则会因为投标人水平不高，出现不公平竞争从而影响招标质量。

6. 制定评比内容、评标方法和定标原则。

7. 制作招标文件。

（四）招标文件的确认

招标文件制作完成以后，招标代理机构应向委托方全面介绍招标文件内容，如双方意见不一致，应协商取得共识，之后，招标代理机构将最终的招标文件交由委托方确认，委托方确认方式应为委托方代表签字并加盖公章。

（五）招标文件的修改

招标文件修改时，一般应注意以下几个原则问题：

1. 获得采购人的确认。由于招标文件的修改文件是招标文件的组成部分，所以其修改内容必须获得委托方的确认才成立。

2. 在法定时间内进行修改。招标采购单位对已发出的招标文件进行必要澄清或者修改的，应当在招标文件要求提交投标文件截止时间15日前，在财政部门指定的政府采购信息发布媒体上发布更正公告，并以书面形式通知所有招标文件收受人。该澄清或者修改的内容为招标文件的组成部分。

3. 及时通知投标人，必须在法定时间内向所有投标人发出招标文件修改文件，不得有针对性或排他性。

4. 符合有关要求。招标文件的修改文件内容也应遵循对招标文件的各项要求，否则其合法性也将受到质疑。

政府采购招标文件更正公告式样如下：

××学校新校区土壤源热泵空调系统成套设备采购及安装项目
更正公告

××省××招标股份有限公司受××学校委托，就其新校区土壤源热泵空调系统成套设备采购及安装项目进行公开招标采购，现对相关内容更改如下：

一、原招标公告相关信息

原招标项目名称：××学校新校区土壤源热泵空调系统成套设备采购及安装项目

原招标项目编号：××招标采购［2010］50号（总第××号）

首次公告日期：××年2月10日

公告媒体：××招标网、××省政府采购网

二、更正信息

原公告第四项报名信息4.3报名时提交的资料现变更为：工商营业执照、法定代表人授权委托书、被授权人的身份证、制造商出具的专项授权书、企业资质证书、企业安全生产许可证、项目经理的建造师证书、安全生产考核合格证书、2006年以来投标人及拟派项目经理承担地源热泵空调项目的业绩（提供相应的合同、用户联系方式及用户反馈意见）。

三、本次招标联系事项

招标代理机构：××招标股份有限公司

联 系 人：肖先生　刘女士

电　　话：0388－65526699　65928399

传　　真：0371－65928399
地　　址：××市××路四号
邮政编码：450999

××学校
××招标股份有限公司
××年×月×日

四、编制标底

（一）标底的意义

标底也称预定价格，是指采购人对采购项目可接受的最高采购价格。标底由采购人编制，并密封保存直至评标时方可公开。标底是采购预算的具体化。一方面采购人通过编制标底可以对招标项目的价格进行有效控制，对高于标底的投标有权予以拒绝；另一方面，通过编制标底采购人可以更具体地了解市场情况，从而避免招标的盲目性。

（二）编制标底方法

标底的编制要以招标项目批准的预算为基本依据，也就是说采购人所编制的标底不得高于批准的预算，如果标底高于预算的，采购人必须按照法定程序变更预算后，方可委托招标。编制标底时，应当考虑合同数量、履行前景、履行期限、供给状况、合同条件及其他有关情况。在实践中，标底一般根据以下原则确定：

1. 正常交易时以市场价格作为编制标底的基本依据。市场价格一般以权威机构所统计的价格为准，同类产品如果有几种品牌且价格不同时，可选择居中的一种品牌的价格作为市场价格。

2. 依法管制价格以管制价格为标底。

3. 无法确定市场价格时，参照交易实例价格编制标底。

4. 因新开发品、特殊规格品等特殊物品以及劳务的特殊性，无市场价格和适当的交易实例价格时，可以用成本加利润的方法确定标底。

讨论一下：

分析政府采购项目标底公开与不公开的利弊？

（三）编制标底程序

规范的标底编制程序是保证标底质量的重要条件。实践中，编制标底一般按下列程序进行：

1. 确定编制标底人员。编制标底一般由2～3名工作人员进行，参与标底编制的人员应当熟悉采购业务，客观公正，有较强的责任心。

2. 进行市场调查。无论采购项目的情况如何，编制标底都必须进行必要的市场调查，这是编制标底的必经程序。

3. 编制和确定标底。标底必须确定采购项目总的价格。但对持续一定时间的制造、修理、加工、买卖、供给、使用等合同可以单价作为标底。

4. 密封标底并送委托的招标机构保存。

五、发布招标公告或者发出投标邀请

（一）公告和发出投标邀请的方式及时间

招标公告是招标代理机构接受采购人的委托后向社会公开发布的招标信息。它是公开招标的必经程序。公告的发布方式和时间直接关系到招标的成败。

公开招标应当按照政府采购监管机关规定的方式在其指定媒体上向社会公开发布招标公告。指定媒体包括报纸、杂志和网络。

投标邀请书是招标采购机构向特定的供应商发出的邀请其参加投标的法律文书。它主要适用于邀请招标方式。招标邀请书主要以信函的方式发出，实践中，也可以采用公告、电信、电报的方式。

招标公告和投标邀请都必须在法律规定的时间发出，以保证供应商有比较充裕的时间为参加投标作准备，如世界银行规定，国际性招标公告从刊登公告到投标截止之间不得少于45天。工程项目一般为60～90天，大型工程或复杂设备为90天，特殊情况可延长为180天。我国《政府采购法》规定，等标期不得少于20天。

（二）公告和投标邀请书的内容

招标公告和投标邀请书属于要约邀请，是采购人希望供应商向自己发出要约的表示。因此，其中应当简要地说明招标的有关情况，以引起供应商的投标兴趣。具体包括以下几方面的内容：

1. 招标人名称、地址。
2. 采购对象的性质、数量及地点。
3. 交货时间或工程竣工时间或提供服务的时间表。
4. 评审供应商资格的标准和程序。
5. 获取招标文件的办法和地点。
6. 招标文件收费及支付方式。
7. 提交投标文件的地点和截止时间。
8. 开标日期、时间和地点。
9. 联系方式、联系人及联系电话。

公开招标公告的式样如下：

××市教育信息类设备项目公开招标公告

××招标采购有限公司受委托，就××市教育局信息类设备项目进行公开招标采购，现欢迎符合相关条件的供应商参加投标。

一、招标编号

××财公开招标［2009］89号。

二、招标项目简要说明

项目	货物名称	单位	数量	完工期	交货地点
A	笔记本电脑	台	710	合同生效后30日调试完成并全部系统完工	××市教育局指定的直属学校
B	计算机语音教室	个	20		
C	计算机教室	个	29		
D	投影教室	套	134		
E	投影机灯泡及投影机维护	批	1		

三、投标人资质要求

符合《中华人民共和国政府采购法》规定的供应商条件且：项目A、B、C、D投标人注册资金不低于300万元人民币的供应商；项目E投标人注册资金不低于100万元人民币的供应商。

四、招标文件发售信息

招标文件出售起始时间：2009年6月5日~6月25日

招标文件出售地点：××招标采购有限公司

招标文件出售方式：现场购买

招标文件售价：300元人民币/包

其他有关事项：购买标书时携带企业法人营业执照副本（原件）、单位介绍信（原件）（以上证件留存复印件一套并加盖公章）。A－D包供应商须同时携带ISO质量管理体系认证证书（原件）。

五、投标文件接收信息

投标文件接收截止时间：2009年6月26日上午9：00

投标文件接收地点：××招标采购有限公司开标厅

六、开标有关信息

开标时间：2009年6月26日上午9：00

开标地点：××招标采购有限公司开标厅

其他有关事项：开标时投标人应派代表参加开标仪式

七、本次招标联系事项

招标机构：××招标采购有限公司

联系人：×××

联系电话：0371－12345678（传真）

联系地址：××市××路56号

邮政编码：450000

开户行：××银行××分行××路支行

账号：12345678910111000

××招标采购有限公司

2009年6月5日

第三节
投　　标

一、索取招标文件

招标文件是投标人编制投标文件的依据。因此，供应商如欲参加投标必须首先索取招标文件，了解招标的有关基本情况，详细研究招标文件的各项要求，以决定是否参加投标。

公开招标的，凡符合招标公告规定的资格要求的供应商均可向招标采购机构索取招标文件。索取招标文件时，供应商应当向招标采购机构出示证明其投标资格的有关文件。邀请招标的，获得邀请的供应商方可参加投标。被邀请的供应商拟参加投标的，可凭招标邀请书向招标机构索取招标文件。

实践中，无论是公开招标还是邀请招标一般都是由供应商派员亲自到招标机构索取招标文件。招标采购机构发售招标文件时要进行登记。售标登记时对每一家购标单位均应单独登记，并做好保密工作。特殊情况下，招标文件也可采用有偿邮寄方式索取，也可以允许代购，但均应按招标公告要求提供相关资料。邮购的招标文件应要求购标单位在收到招标文件后予以书面确认。

二、资格预审

（一）含义

资格预审是招标采购机构在投标开始前对拟参加投标的供应商就其是否符合投标资格所进行的审查。资格预审是保证招标活动顺利进行的重要手段。通过资格预审可以有效地提高招标工作质量，降低招标成本。

资格预审是招标的必经程序，资格预审由招标采购机构根据招标文件进行。实践中，资格预审有两种情况：一是一般性资格预审。即招标采购机构向社会公开发布公告，对希望参加政府采购招标的供应商进行集中全面的资格审查，凡经审查合格者在有效期内可以参加政府采购招标。这种资格预审相当于招一次资格标。二是特定的资格预审。即对拟参加特定项目投标的供应商是否符合本次投标资格进行的审查。这种资格预审与具体的招标活动相联系，一般在公告以后投标截止时间以前进行。本文所指的资格预审主要是指后者。

（二）主要内容

特定的资格预审与具体的招标活动相联系，因项目的具体情况和要求不同，资格预审的重点也不尽相同，就一般情况而言，主要应当审查以下几方面的内容：

1. 供应商名称、地址等是否真实。

2. 工商注册和登记的有关情况，是否依法成立。

> **想一想：**
> 资格预审与资格后审的区别？

3. 供应商的基本情况，包括法定代表人的姓名、员工人数、技术人员人数、经营业绩、经营规模等。

4. 供应商是否具有履行合同的能力，主要包括供应商的资信状况，为完成合同所必需的技术力量、生产设备和管理能力等。

5. 供应商是否有良好的商业信誉，是否有因违法行为而被禁止参加政府采购投标的情形。

6. 供应商的投标代表是否经合法授权、授权证明是否符合要求。

（三）资格预审程序

资格预审应当按规定的程序进行，以确保供应商参与投标的合法权益不受非法侵害，具体程序如下：

1. 招标采购机构编制资格预审文件，主要是资格预审申请表和预审须知，详细列明资格预审的主要内容和各项要求。

2. 供应商根据预审须知的要求填写资格预审申请表，并在规定的时间内向招标机构递交资格预审申请表和有关证明文件。

3. 招标采购机构审查资格预审申请表和有关证明文件是否真实，供应商是否符合招标文件规定的资格要求。

4. 招标采购机构根据审查结果向所有申请资格预审的供应商分别发出预审合格或者不合格通知。

资格预审的结果决定供应商是否有权参加投标。经预审合格的供应商方可参加投标，不合格者将丧失投标资格。供应商对资格预审有异议的，可以要求招标机构重新审查，对审查结果仍有异议的，可以向采购主管部门投诉。

三、澄清招标文件

招标文件是投标人投标的基础，其内容是否清楚、明确，会直接影响投标人投标的质量。为使投标人准确理解招标文件的有关内容，法律赋予投标人要求采购人对招标文件的有关内容进行澄清的权利。必要时，采购人也可以举行招标会议主动对投标人关心的问题予以澄清。

（一）书面澄清

书面澄清是指采购人根据投标人的请求就招标文件的有关内容所作的书面解释，澄清招标文件应当注意以下几个方面的问题：

1. 投标人请求澄清招标文件必须采用书面形式，包括信件、传真、电报等，澄清请求必须具体且与招标文件有关。同时，有权要求澄清招标文件的，必须是已索取招标文件的供应商，否则，采购人可以拒绝答复。

2. 采购人澄清招标文件也必须采用书面形式。采购人澄清招标文件可以亲自进行，也可委托或者授权招标机构进行，但都得采用书面形式。之所以如此，是因为采购人对招标文件的任何澄清都将成为招标文件的组成部分并作为投标人编制投标文件的依据。由招标机构代为澄清的，澄清文件必须经采购人确认。未经授权，招标机构擅自对招标文件进行澄清的，由此给采购人或者投标人造成的损失由招标机构承担。

3. 告知参加活动的供应商。澄清文件在发送给提出澄清要求的供应商的同时，还应发送给所有已索取招标文件的供应商，以保证投标人公平地获得招标信息，但应注意的是，发送给其他供应商的澄清文件不得说明问题来源。

4. 在规定时间内进行。投标人对招标文件如有需要澄清的疑问，应在投标截止时间至少 15 天前以书面方式（包括信函、电报或传真）通知招标代理机构。招标代理机构将视情况在投标截止时间 7 天前予以答复并且可主动地或在解答投标人提出的澄清问题时对招标文件进行修改。该澄清或者修改的内容为招标文件的组成部分，对所有投标人均具有约束力。投标人在收到上述通知后，应立即向招标代理机构回函确认。

（二）标前会议

标前会议一般是大型、复杂的招标项目所采用的澄清招标文件的一种方式。其特点在于采购人可以面对面地向投标人解释招标文件的有关问题，从而直接迅速地解决投标人的疑问。

> **讨论一下：**
>
> 标前会一定要举行吗？与开标会、评标会的区别是什么？

1. 会议组织。一般由招标采购机构具体组织。会议召开前，招标采购机构应当通知所有已索取招标文件的供应商。会议地点一般在招标采购机构所在地，特殊情况下也可在现场进行。

2. 会议程序。会议由招标机构主持，一般按下列程序进行：一是采购人介绍招标项目的情况和投标的有关要求，并详细地说明供应商比较关心的问题。经采购人授权该项工作也可由招标采购机构完成。二是供应商就招标文件的有关问题提问。提问只能限于招标文件本身。超出此范围的问题，采购人有权拒绝回答。三是采购人就供应商提出的问题作出回答。采购人回答提问可以一问一答，也可以待所有供应商提问完毕后逐一回答。采购人回答问题必须明确清楚，不得模棱两可、含糊其辞。

3. 会议记录。标前会议的情况应当由招标采购机构的工作人员做详细记录，并制作成会议文件发送给所有已索取招标文件的供应商，包括出席会议和未出席会议的供应商。会议记录与书面澄清文件一样，将作为招标文件的补充。会议记录一般应当证明以下事项：会议举行的时间、地点和出席会议的供应商及其代表，会议的主持人和采购人的代表，采购人介绍采购项目的情况，供应商代表提出的问题及采购人代表对问题的答复，记录人姓名等。会议记录应由主持人、采购人代表和记录人签名。根据会议记录制作的会议文件应经采购人确认并加盖采购人单位印章后方可发出。

四、投标准备

投标人要在激烈的竞争中取胜，关键在于其竞争实力，但也不可忽视投标前的准备工作。投标前的准备因招标项目的不同而有所不同，一般来说，主要有以下几个方面：

（一）成立投标小组

为保证投标的质量，拟参加投标的供应商一般要成立专门负责该项工作的投标小组。

投标小组由管理、技术、经营等方面的人员组成，其主要任务是搜集资料、研究投标项目、制作投标文件等。

（二）研究招标文件

要参与竞争首先要全面准确地把握招标项目的有关情况，招标文件则是了解招标项目的基本材料。研究招标文件时应当重点把握以下几个方面的内容：

1. 招标项目的质量、数量和各项技术规格要求。

2. 交货、竣工或者提供服务的时间。

3. 招标机构对编制投标文件的要求。

4. 评标的标准和方法。

5. 合同条款。

（三）搜集和研究有关材料

要在投标竞争中取胜仅研究招标文件是不够的，还必须充分掌握与招标有关的其他方面的材料，主要包括：

1. 有关法律法规。主要有两个方面：一是有关政府采购的方式方法、程序和市场交易的法规。如《政府采购法》、《合同法》、《招标投标法》等；二是与招标采购项目直接有关的法规，如涉及工程项目的要了解《房地产法》、《建筑法》等，涉及物资的要了解物资管理等方面的法规，涉及服务项目的要了解服务管理等方面的法规。

2. 有关政策。政策是法律的具体化。投标前，供应商应当重点了解的是政府采购政策，包括政府采购计划、采购标准、市场准入等方面的内容，同时，应当了解与采购项目有关的产业政策等。

3. 其他有关资料。主要是招标项目所在地的政治、经济、文化和自然环境等方面的资料。

（四）进行市场调查

招标活动是在开放的市场中进行的。通过市场调查既可以掌握市场的竞争状况，又可以正确地判断自己的竞争实力，从而确定恰当的投标策略。市场调查的内容主要有：一是市场价格；二是市场供需状况；三是竞争对手的情况。

（五）合理确定投标价格

合理确定投标价格是能否在投标竞争中取胜的关键。投标报价从内容上看，主要是由两部分组成，即成本加利润。因此，供应商在确定投标价格时，应当分两步进行。

1. 认真核算成本。包括直接成本、间接成本和不可预见成本。核算成本的基本要求是：一要完整全面，二要客观准确。

2. 合理确定利润。一般说来，供应商在确定利润时应当考虑：一是投标的目标；二是竞争的激烈程度。

五、编制投标文件

招标采购机构对编制投标文件有严格的规定，投标文件是具有法律效力的文件，是评委会进行评标时的主要依据来源。因此，编制投标文件是投标工作的核心部分，投标文件编制得好坏将直接关系到投标的成败。

（一）投标文件内容

投标文件是根据招标文件的要求编写的，其主要内容在招标文件中都会有明确的规定。以货物和服务投标文件为例，主要包括以下内容：

1. 法人代表授权书。包括规定格式、法人和代理人签字和公司盖章等。

2. 投标书。其内容主要是供应商阐述对招标文件的确认，对所提供的投标文件的内容及其责任的承担，以及投标文件有效期的确认等。

3. 开标一览表。开标一览表是招标方在开标仪式上公开公布的重要内容之一，主要包括投标对象的内容、数量、价格、完工期等。

4. 投标分项价格表。其内容是对开标一览表中投标价格的具体叙述。一般投标价格中应包括三大主要部分：设备（或服务）价格（含各种税款）、安装及运输费用、人员培训和售后服务费用。

5. 货物简要说明一览表。其内容是对所投设备（或服务）的各种性能指标作准确描述。根据招标项目的不同，其具体内容要求有较大的差异。

想一想：

投标文件的商务标内容主要包括哪些？

6. 投标资格证明文件。其内容与投标资格预审时要求相同，所提供的文件必须是经供应商法定代表人或授权人签署，并加盖公章的原件及其复印件。

7. 投标货物符合招标文件所规定的证明文件。其内容包括国家有关部门批准生产和产品合格的证明文件，或由有关部门提供该种产品具备在国内合法销售的证明文件。

8. 制造商或其总代授权书。包括规定格式、法人或者代理人签字和公司盖章等。

9. 反商业贿赂承诺书。供应商要承诺在政府采购活动中不采取不正当手段谋取非法利益。

10. 招标方认为投标方需要说明的其他内容。包括：（1）法人授权书，必须具备下列条件：供应商法定代表人签字或者盖章、被授权代表签字或者盖章、单位公章。（2）商务和技术偏差表，必须按规定内容详细填列。（3）经过审计的供应商财务报表。（4）公司经营业绩，包括时间、同类采购对象、数额、份数、业绩所在的地区和系统、原件验证、用户评价等要求。（5）售后服务计划书，要求按规定的内容进行全面响应，包括售后服务费用价格的具体分析、人员、地点、时间、方式等作出具体安排，有时要求供应商和制造商都要作出响应。（6）制造商授权书，要求必须按规定格式响应，并形成授权链条。当投标商为经销商时，需提交货物制造商或其指定总代的授权书。如指定总代理商出具此授权书，必须同时提供制造商对指定总代理的授权。（7）反商业贿赂承诺书，必须按规定格式填列、签字和盖章。（8）投标有效期，要求必须响应，1天都不能少。（9）付款条件，一般要求必须响应。（10）质保期和交货期，一般情况下要求必须响应，有时作为加减分条款等。

（二）投标文件修改

投标文件是法律性文件，所以在编制投标文件时，投标方应本着严肃、负责的态度，尽可能减少人为错误，特别是实质性的错误，如不签字盖章、不提供原件、漏报项目、报错价等。法律对投标文件的修改有着非常严格的规定，在投标截止时间之前，投标单位可对投标文件进行修改，其修改文件作为投标文件的有机组成部分。

六、投标

严格说来，投标是由编制投标文件等一系列活动构成的，这里所说的投标仅指供应商编制投标文件后递交投标文件的行为。

投标文件就其法律性质来说，是供应商向采购人发出的要约。因此，投标文件的各项内容（各个相对独立的文件）都应当加盖单位印章并由其法定代表人或者授权的代理人签署。

递交的投标文件应当密封并应在投标截止时间以前投送到招标文件指定的地点。在实践中，递交投标文件主要有两种方式：一是由供应商派专人送交，二是通过邮递的方式送交。其中，第一种方式应用最为普遍。

第四节
开标和评标

一、开标

（一）开标的含义及任务

开标是指投标截止后招标机构按照一定程序启封所有在投标截止时间以前密封送达的投标文件，并公开各投标人投标报价的招标阶段。这是一个独立的招投标阶段，具有承前启后的作用。开标的主要任务是公开公布投标文件的主要内容，增强招标的透明度。

（二）开标时间和参加人员

开标应当按招标文件规定的时间、地点和程序，由招标机构以公开方式、在公证机关的监督下进行。开标时间一般也是投标截止时间，这样做主要是为了保障投标人的合法权益，避免因招标时间过长使投标人与采购人之间的关系长期处于不确定状态，从而影响投标人的生产经营活动。投标时间截止后立即开标，其优越性在于可以使整个招标活动更加紧凑，有利于招标活动的迅速进行。同时，也为投标人参加开标活动提供了方便，避免投标人因投标和开标反复奔波，节省投标人的时间，同时也可以避免产生不必要的疏漏。

在有些特殊情况下，可以暂缓或推迟开标时间，如招标文件发售后对原招标文件作了变更和补充；开标前，发现有足以影响采购公正性的违法或不正当行为；采购单位接到质疑或诉讼；出现突发事故；变更或取消采购计划等。

开标时，招标人应通知采购人和投标人代表以及采购监管部门、审计部门等参加，已成立评标委员会的，其组成人员应当出席开标活动。经通知后，采购人或投标人未派代表参加开标，或者有关部门未派工作人员到场的，并不影响开标的进行。

（三）开标程序

开标活动由招标机构主持。招标机构应当指定一名工作人员为开标主持人主持开标活动，并指定监标、唱标和记录的工作人员。开标按下列程序进行：

1. 主持人宣布开标开始，宣布此次招标的评委会名单及参加开标的工作人员名单。

2. 采购人代表宣读招标委托书。

3. 公证人员宣布对招标有效性的验证结论。

4. 宣布注意事项、评标原则、评标程序。

5. 验标。由各投标单位或投标单位代表按顺序在现场检查投标文件的密封情况，有公证机关派员出席的场合，由公证人员现场检查投标文件的密封状况，宣布密封状况验证结论。

6. 唱标。由负责唱标的工作人员按投标先后顺序，或按投标人抽签的顺序，逐个开启投标文件，并宣读每个投标人名称和每项投标总价。必要时，也可宣读单价、交货方式、交货期等其他重要内容。在唱标的同时，记录员应在唱标记录表上逐一登录唱标的内容。

7. 唱标结束后，主持人在会上询问各投标人对唱标有无异议，在无异议的条件下，主持人、监标员、唱标员、记录员在唱标记录表上签字。该记录表作为原始件存档。

> **讨论一下：**
> 哪些人员可以参加开标会议？

8. 宣布评标工作的日程安排、询标时间及地点、联络员及联络方法。

开标的全过程应当由记录人员详细记录，并由开标主持人、记录人、监标人、唱标人以及其他出席开标的有关人员签名，以备查询。

（四）开标应注意问题

1. 开标时，投标文件中开标一览表（报价表）内容与投标文件中明细表内容不一致的，以开标一览表（报价表）为准。投标文件的大写金额和小写金额不一致的，以大写金额为准；总价金额与按单价汇总金额不一致的，以单价金额计算结果为准；单价金额小数点有明显错位的，应以总价为准，并修改单价；对不同文字文本投标文件的解释发生异议的，以中文文本为准。

2. 投标截止时间结束后参加投标的供应商不足三家的，除采购任务取消情形外，招标采购单位应当报告设区的市、自治州以上人民政府财政部门，由财政部门按照以下原则处理：一是招标文件没有不合理条款、招标公告时间及程序符合规定的，同意采取竞争性谈判、询价或者单一来源方式采购；二是招标文件存在不合理条款的、招标公告时间及程序不符合规定的，应予废标，并责成招标采购单位依法重新招标。

二、评标机构

评标委员会是评标的权威机构，其工作公正与否将直接导致招标的成败。所以，法律对评标委员会的组成和工作程序都有严格的规定。其中，评委会的组成必须执行下列有关规定：

一是结构合理。评标委员会由采购人代表和有关技术、经济等方面的专家组成，成员人数应当为五人以上单数。其中，技术、经济等方面的专家不得少于成员总数的2/3。货物和服务采购数额在300万元以上、技术复杂的项目，评标委员会中技术、经济方面的专家人数应当为五人以上单数。

二是专家回避。招标采购单位就招标文件征询过意见的专家，不得再作为评标专家参加评标。

三是专家身份定位。采购人不得以专家身份参与本部门或者本单位采购项目的评标。

四是评委身份定位。采购代理机构工作人员不得参加由本机构代理的政府采购项目的评标。

五是保密抽取。评标委员会成员名单原则上应在开标前确定，并在招标结果确定前保密。

六是评委条件。评标专家应当熟悉政府采购、招标投标的相关政策法规，熟悉市场行情，有良好的职业道德，遵守招标纪律，从事相关领域工作满八年并具有高级职称或者具有同等专业水平。

七是动态管理。各级人民政府财政部门应当对专家实行动态管理，表彰先进，淘汰不合格人员。

八是随机抽取。县级以上招标采购单位应当从同级或上一级财政部门设立的政府采购评审专家库中，通过随机方式抽取评标专家。

九是选择确定。招标采购机构对技术复杂、专业性极强的采购项目，通过随机方式难以确定合适评标专家的，经设区的市、自治州以上人民政府财政部门同意，可以采取选择性方式确定评标专家。

三、评委会工作规则

评标委员会工作必须本着公平、公正的原则，按照法定程序进行评标，维护采购人和投标人双方的合法权益。

（一）评审专家的职责

评标工作由招标采购单位负责组织，具体评标事务由招标采购单位依法组建的评标委员会负责，并独立履行下列职责：

1. 审查投标文件是否符合招标文件要求，并作出评价；
2. 要求投标供应商对投标文件有关事项作出解释或者澄清；
3. 推荐中标候选供应商名单，或者受采购人委托按照事先确定的办法直接确定中标供应商；
4. 向招标采购单位或者有关部门报告非法干预评标工作的行为。

（二）评标原则

1. 评标工作应遵循公平、公正、保密的原则。
2. 对所有投标方的投标评估，都采用相同的程序和标准。

想一想：

评标工作应该由谁主持完成？

3. 招标文件和现场考察资料是评标的依据，评标要严格按照招标文件的要求和条件进行。

4. 评标结果应最大限度地满足招标文件的要求。

（三）评标预备会

为保证评标工作的质量，对于一些采购金额较大且评标工作较复杂的采购项目召开评标预备会。一般安排在开标仪式之后评标以前进行，由招标采购机构主持，评标委员会成员、采购人代表及全体评标工作人员参加。

会议的内容主要有：一是宣布评委成员名单、评委工作纪律；二是采购单位介绍采购项目背景情况和采购预期目标；三是招标采购机构介绍评标工作安排、分工、程序等；四是招标采购机构介绍招标文件中规定的评标方法等与评标有关的需要引起评委高度重视的重点问题和内容。

（四）评标方法

政府采购法规规定的评标方法有以下三种：

1. 最低评标价法。是指以价格为主要因素确定中标候选供应商的评标方法。即在全部满足招标文件实质性要求前提下，依据统一标准评定最低评标价，以最低评标价的投标人作为中标候选供应商或者中标供应商的评标方法。最低评标价法适用于标准定制商品及通用服务项目。

应当注意的是，最低评标价不是最低报价。在采用此方法时，如认为最低标的总价或部分标价偏低，明显不合理，有降低质量、不能诚信履约的可能，应通知供应商限期进行解释。如供应商未在规定的时间内进行解释，或所作的解释不合理，则该供应商不能作为候选中标供应商，并以第二个最低标供应商为准。如第二个供应商有上述情形，则依此类推。

2. 综合评分法。是指在最大限度地满足招标文件实质性要求前提下，按照招标文件中规定的各项因素进行综合评审后，以评标总得分最高的投标人作为中标候选供应商或者中标供应商的评标方法。综合评分的主要因素是：价格、技术、财务状况、信誉、业绩、服务、对招标文件的响应程度，以及相应的比重或者权值等。上述因素应当在招标文件中事先规定。

评标时，评标委员会各成员应当独立对每个有效投标人的标书进行评价、打分，然后汇总每个投标人每项评分因素的得分。采用综合评分法的，货物项目的价格分值占总分值的比重（即权值）为30%～60%；服务项目的价格分值占总分值的比重（即权值）为10%～30%。

3. 性价比法。是指按照要求对投标文件进行评审后，计算出每个有效投标人除价格因素以外的其他各项评分因素（包括技术、财务状况、信誉、业绩、服务、对招标文件的响应程度等）的汇总得分，并除以该投标人的投标报价，以商数（评标总得分）最高的投标人为中标候选供应商或者中标供应商的评标方法。计算公式：

$$评标总得分 = B/N$$

其中：B 为投标人的综合得分，N 为投标人的投标报价。

（五）评标程序

评标应当遵循下列工作程序：

1. 投标文件初审。初审分为资格性检查和符合性检查。资格性检查是指依据法律法规和招标文件的规定，对投标文件中的资格证明、投标保证金等进行审查，以确定投标供应商是否具备投标资格。符合性检查是指依据招标文件的规定，从投标文件的有效性、完整性和对招标文件的响应程度进行审查，以确定是否对招标文件的实质性要求作出响应。

投标文件属下列情况之一的，应当在资格性、符合性检查时按照无效投标处理：应交未交投标保证金的；未按照招标文件规定要求密封、签署、盖章的；不具备招标文件中规定资格要求的；不符合法律、法规和招标文件中规定的其他实质性要求的。

2. 澄清有关问题。对投标文件中含义不明确、同类问题表述不一致或者有明显文字和计算错误的内容，评标委员会可以书面形式（应当由评标委员会专家签字）要求投标人作出必要的澄清、说明或者纠正。投标人的澄清、说明或者补正应当采用书面形式，由其授权的代表签字，并不得超出投标文件的范围或者改变投标文件的实质性内容。

3. 比较与评价。按招标文件中规定的评标方法和标准，对资格性检查和符合性检查合格的投标文件进行商务和技术评估，综合比较与评价。在评标中，不得改变招标文件中规定的评标标准、方法和中标条件。

4. 推荐中标候选供应商名单。中标候选供应商数量应当根据采购文件确定，但必须按顺序排列中标候选供应商。

采用最低评标价法的，按评标价由低到高顺序排列。采用综合评分法的，按评审得分由高到低顺序排列。得分相同的，按投标报价由低到高顺序排列。得分且投标报价相同的，按技术指标优劣顺序排列。采用性价比法的，按商数得分由高到低顺序排列。商数得分相同的，按投标报价由低到高顺序排列。商数得分且投标报价相同的，按技术指标优劣顺序排列。

5. 编写评标记录。评标记录是评标委员会根据全体评标成员签字的原始评标记录和评标结果编写的文件。其主要内容包括：招标公告刊登的媒体名称、开标日期和地点；购买招标文件的投标人名单和评标委员会成员名单；评标方法和标准；开标记录和评标情况及说明，包括投标无效投标人名单及原因；评标结果和中标候选供应商排序表；评标委员会的授标建议。

（六）资格后审

在没有进行资格预审的情况下，采购人和招标代理机构可根据采购文件规定，对候选中标供应商是否有能力圆满履行合同进行资格后审。

资格后审将充分考虑投标人或生产商的财务、技术、生产能力和商业信誉等。采购人和招标代理机构将按招标文件规定提交的资格证明文件和采购人认为有必要的、合适的资料为基础，采用合适的方式进行审查。审查方式包括对资格文件的核验、考察工厂和客户，考察过程中所产生的费用加入相应标的供货合同中。

如果审查通过，采购人将把合同授予该投标人；如果审查没有通过，采购人和招标代理机构将拒绝其投标，并对下一个候选中标供应商能否令人满意地履行合同义务作类似审查。

第五节

合同签订和履行

一、采购人确认评标结果

（一）采购人确认评标结论

按照规定，一是采购代理机构应当在评标结束后五个工作日内将评标报告送采购人。采购人应当在收到评标报告后五个工作日内，按照评标报告中推荐的中标候选供应商顺序确定中标供应商；也可以事先授权评标委员会直接确定中标供应商。二是采购人自行组织招标的，应当在评标结束后五个工作日内确定中标供应商。

采购人无正当理由，应当按照推荐的候选中标供应商名单顺序确认中标供应商。确认评标结论应由采购单位负责人，或者其指定的代表在评标结论上签名并加盖单位印章。

（二）评标结果通知

中标供应商确定后，按下列方式通知评标结果：一是中标结果应当在财政部门指定的政府采购信息发布媒体上公告。公告内容应当包括招标项目名称、中标供应商名单、评标委员会成员名单、招标采购单位的名称和电话。二是在发布公告的同时，招标采购单位应当向中标供应商发出中标通知书，中标通知书对采购人和中标供应商具有同等法律效力。

> **讨论一下：**
> 政府采购结果公告内容包括评标专家名单吗？为什么？

（三）对评标结果的异议

投标供应商对中标公告有异议的，应当在中标公告发布之日起 7 个工作日内，以书面形式向招标采购单位提出质疑。招标采购单位应当在收到书面质疑后 7 个工作日内，对质疑内容作出书面答复。

质疑供应商对招标采购单位的答复不满意或者招标采购单位未在规定时间内答复的，可以在答复期满后 15 个工作日内按有关规定，向同级人民政府财政部门投诉。财政部门应当在收到投诉后 30 个工作日内，对投诉事项作出处理决定。

处理投诉事项期间，财政部门可以视具体情况书面通知招标采购单位暂停签订合同等活动，但暂停时间最长不得超过 30 日。

二、签订采购合同

（一）签订时间和地点

采购人或者采购代理机构应当自中标通知书发出之日起 30 日内，按照招标文件和中标供应商投标文件的约定，与中标供应商签订书面合同。所签订的合同不得对招标文件和中标供应商投标文件作实质性修改。

一般来说，签订合同的时间应当尽量提前。签约地点一般在招标机构所在地，也可在采购人所在地进行。中标人在外地的，可以由采购人和中标人分别在其所在地签署。

（二）签订合同依据

双方当事人签订采购合同应当以招标文件和中标的投标文件为依据，不得变更合同的实质内容。合同的主要条款不明确的，当事人可本着协商一致的原则，通过协商解决。经协商不能达成一致意见的，依据合同法的有关规定确定。

在签订采购合同时，采购人可以在招标文件规定的范围内对采购货物或者服务的数量予以增加或者减少。我国规定增减幅度不得超过中标金额的10%，并不得变更单价。

（三）签订合同要求

想一想：

政府采购有预付款吗？为什么？

1. 招标人不得向中标人提出任何不合理的要求，作为订立合同的条件。招标人和中标人不得私下订立背离合同实质性内容的协议。

2. 招标文件、中标人的投标文件和澄清文件等，均应作为签约合同文本的基础。

3. 如采购人或中标人拒签合同，则按违约处理。对违约方收取中标金额一定比例的违约金。

4. 如果中标人不按约定签合同，招标代理机构和采购人将报请取消其中标决定，并没收其投标保证金。招标代理机构和采购人可在候选中标单位中重新选定中标单位。

5. 政府采购合同订立后7个工作日以内，招标采购机构应当将合同副本报政府采购监管机关备案。

政府采购货物合同格式如下：

××××合同

合同编号：（中标通知书上提供的合同编号）

需方：

供方：

本合同于××年××月××日由需方和供方按下述条款签署。

需方为获得（货物和服务简介）货物和伴随服务，邀请供方参加了该项目竞争性招标，并接受了供方以总金额（币种，用文字和数字表示的合同价）（以下简称“合同价”）的投标。双方以上述事实为基础，签订本合同。

本合同在此声明如下：

1. 本合同中的词语和术语的含义与合同条款中定义的相同。

2. 下述文件作为合同签订的基础，是构成本合同的主要组成部分，并与本合同一起阅读和解释。

（1）合同条款（详见招标文件）。

（2）合同条款资料表（附后）。

（3）合同条款附件（详见招标文件）。

附件1：供货范围及分项价格表

附件2：技术规格

附件3：交货计划

(4) 中标通知书。

3. 供方在此保证全部按照合同规定向需方提供货物和服务，并负责可能的弥补缺陷。

4. 需方在此保证全部按照合同规定的时间和方式向供方支付合同价或其他按合同规定应支付的金额。

双方在上述日期签署本协议。

需方代表姓名	供方代表姓名
需方代表签字	供方代表签字
需方名称	供方名称

三、合同履行要求

1. 合同变更。政府采购合同需要变更的，采购人应当将有关合同变更的内容及时书面报政府采购监管机关。

2. 合同终止。政府采购合同履行过程中，因某些特殊情况需要终止合同的，采购人应当将终止合同的理由以及相应的措施，及时书面报告政府采购监管机关。

3. 违纪报告。供应商有违反政府采购合同的行为，政府采购机关应当将有关供应商违约的情况以及拟采取的措施，及时书面报政府采购监管机关。

4. 合同转让。中标人应当按照合同约定履行义务，完成中标项目。中标人除非在特殊情况下并经采购人同意，不得向他人转让中标项目的关键部分，也不得将中标项目肢解后分别向他人转让。

四、合同验收

合同的履行是整个采购过程中决定性的阶段，合同履行情况的好与坏，决定着整项采购的成败。根据规定，合同履行结果的验收人为采购人。具体分两种情况：

第一种情况是集中采购的，验收人为集中采购机关；对货物、工程和服务有特殊要求的，集中采购机关可以会同使用单位共同组织验收。

第二种情况是分散采购的，一般情况下由采购人组织验收。验收时间和地点以及技术要求和标准等，以双方签订的合同为依据。

根据采购种类的不同，验收的规定也稍有区别。

1. 采购标的为技术要求一般的通用物品或服务，如电脑、办公家具、办公用具、会议地点等，由验收人验收确认即可，验收单位认为有必要时，可聘请有关专业人士协助验收。

2. 采购标的为工程或技术要求较高、比较复杂的物品或服务，如修缮工程、绿化工程、医疗设备等，验收人需成立由三人以上的专家组成的验收小组进行验收。

所有验收都必须按采购监管机构规定的格式填写验收报告书，验收人及负责人签字，并加盖验收单位公章。对所有的验收报告，政府采购主管部门可根据需要进行检查、核实。

五、合同价款支付

合同价款支付必须严格按照采购文件和国库制度规定进行。采购人依照合同约定需要向供应商付款的，应当向政府采购监管机关报送下列文件，以备审核。一是政府采购直接支付申请书。二是验收报告书。三是供应商开具的发票。经审核符合规定的，政府采购监管机关方可办理政府采购的拨款手续。

思考题

1. 简述招投标的一般特征。
2. 简述政府采购监管机关和当事人。
3. 政府采购招投标程序是什么？
4. 招标文件的一般内容是什么？
5. 投标文件的一般内容是什么？
6. 开标程序是什么？应注意哪些事项？
7. 评标程序是什么？应注意哪些问题？

案例分析

某单位最近委托当地政府采购中心采购了一批礼堂用的排椅，项目的预算金额近200万元。采购中心接到采购人委托之后，双方迅速对项目展开沟通。采购人提供了礼堂排椅的布局结构图，对排椅的一些具体细节和技术参数提出了自身的要求；采购中心根据以往类似项目的经验，又详细参考了采购人的需求，制定了此次项目采购的招标文件。经过多方确认后，招标文件如期发出，招标会也如期召开，经过评标专家对投标文件以及样品的评审和详细打分后，最后A公司胜出。

但是，经过这种严格的招标程序得出来中标结果并没有让采购人满意。后经过调查得知，原来该单位在没有实行政府采购之前，曾经使用过A公司的一批办公家具，并且对这些办公家具不是十分满意。据说当时的家具放进办公室之后，过了一段时间还有气味，因此，采购人认为这家企业的家具可能对人体伤害很大，虽然过去几年，A公司也表示最近几年公司生产设备、技术和工艺都有相当大的改进，但是采购人还是觉得“心里像吃了苍蝇似的”，对中标结果不满意，并且迟迟没有签合同。

案例思考：采购人的做法违反了《政府采购法》的哪些规定？会带来什么危害？应该采取什么措施遏制这种现象？

第六章 政府集中采购管理

学习目标

- □ 了解集中采购概念和业务范围
- □ 掌握集中采购的职责
- □ 了解集中采购机构性质及设立原则
- □ 掌握集中采购机构工作要求
- □ 了解集中采购机构考核

第一节 集中采购形式及业务范围

一、政府采购模式

政府采购模式一般划分为集中采购、分散采购、集中采购与分散采购相结合三种模式。

（一）集中采购

集中采购是指由政府设立的职能机构统一为其他政府机构提供采购服务的一种采购组织形式。集中采购的实施主体为集中采购机构。一个部门统一组织本部门、本系统采购活动，也称为集中采购。在我国，集中采购是指采购人将集中采购目录以内的货物、工程和服务委托集中采购机构代理采购、实施部门集中采购或依法自行实施采购的行为。

（二）分散采购

分散采购是指由各预算单位自行开展采购活动的一种采购组织形式。分散采购的实施主体是各采购人。在我国，分散采购是指采购人将集中采购目录以外、采购限额标准以上的货物、工程和服务依法自行实施采购或委托政府采购代理机构采购的行为。

（三）集中采购和分散采购相结合

从世界范围内各国的实践来看，不存在纯粹的集中采购和分散采购模式，大多数国家实施集中采购和分散采购相结合的采购模式。集中采购与分散采购相结合是指一级政府的政府采购组织形式既有集中采购，也有分散采购，二者同时并存。

二、集中采购形式

从国际上看，集中采购通常具有特定含义，是指集中采购机构开展的采购活动。考虑到我国具体国情，集中采购含义得到了拓展。根据《政府采购法》规定，我国的集中采购分为政府集中采购和部门集中采购两种形式。

政府集中采购是指集中采购机构代理目录及标准规定的政府集中采购目录中项目的采购活动；部门集中采购是指经批准的主管预算单位（主管部门）组织本部门、本系统列入目录及标准的部门集中采购项目的采购活动。

政府主管部门应当明确内设机构牵头负责政府采购工作。属于政府集中采购目录的项目，应当按照规定委托集中采购机构代理采购；属于部门集中采购项目，已经设立部门集中采购机构的，应当由部门集中采购机构具体组织实施，未设立的，可以委托集中采购机构或经财政部门认定资格的政府采购代理机构具体组织实施。

三、集中采购业务范围

（一）集中采购目录

1. 集中采购目录的确定。按照我国《政府采购法》规定，集中采购机构的业务范围由集中采购目录确定。集中采购目录由省级以上人民政府公布，但实行分级管理体制。属于中央预算的政府采购项目，其集中采购目录由国务院确定并颁布；属于地方预算的政府采购项目，其集中采购目录由省、自治区、直辖市人民政府或者其授权机构确定并颁布。具体制定方式是由财政部门拟定集中采购目录，报同级人民政府批准发布。在省级地区，财政部门可以申请政府授权，直接制定并颁布集中采购目录。省级人民政府可以授权县级以上地方人民政府根据省级人民政府公布的集中采购目录和采购限额标准制定适用于本行政区域的集中采购目录和采购限额标准，但县级以上地方人民政府不得缩小集中采购目录范围。

2. 集中采购目录的调整。各级政府集中采购目录并非固定不变，应当视政府集中采购机构的能力以及社会对政府集中采购机构的认同程度，适时调整集中采购目录的内容及结构，实行动态管理，可以一定一年，也可以一定几年，并且在政府预算编制准备工作开始前确定并公布。

集中采购目录调整和优化的重点包括：一是不断扩大集中采购的项目范围；二是适度提高公开招标限额标准和采购限额标准；三是逐步规范部门集中采购工作。

（二）集中采购业务范围

按照规定，纳入集中采购目录的采购项目，必须委托集中采购机构代理采购。一是属于集中采购目录中的通用政府采购项目，主要是指采购人普遍使用，可归集形成采购规模的标准化产品，必须由集中采购机构代理采购，部门和单位不允许自行采购。二是集中采购目录中涉及某些部门的特殊项目，即属于非通用的，只适合某一部门或者系统使用的项目，应当由相关部门集中采购机构实行集中采购。

另外，如果纳入集中采购目录中的采购项目，属于个别单位的特殊需求，即已经纳入集中采购目录，但采购人按其专业要求需要特别定制，不宜实行集中采购，难以归集形成批量，不具备批量特征的项目，在事前得到省级以上人民政府批准后，可以由该单位自行组织采购，否则为违法行为。

根据我国部分地区政府采购的实践情况，由于个别地方政府还没有成立集中采购代理机构，该地区纳入政府采购目录的采购项目由该地区的政府采购社会中介代理机构进行采购。

根据我国《政府采购法》规定，政府集中采购机构还可以代理分散采购，即对未纳入集中采购目录且在限额标准以上的采购项目，采购人可以依法自行采购，也可以委托集中采购机构进行代理采购。

综上所述，政府集中采购的业务范围分为两大类，一是法定业务；二是自愿委托业务。无论是哪一类业务，采购人都必须与政府集中采购机构签订委托代理协议，依法确定委托代理事项，约定双方的权利和义务。

第二节

集中采购机构设置及职责

一、集中采购机构设立原则和条件

（一）集中采购机构设立原则

> **想一想：**
>
> 集中采购机构在保障采购质量和效率方面有哪些有利因素？

设置集中采购机构是政府行为。为了规范集中采购机构的设立，应当按照《政府采购法》规定遵循以下三个原则：

1. 限制性原则。即县级以上人民政府可以根据本级政府采购项目组织集中采购的需要设立集中采购机构，并报上级人民政府备案。

2. 非强制性原则。即县级以上地方人民政府是否设立集中采购机构，应当根据集中采购规模具体确定。如果集中采购的规模不太大，或者本地区有足够数量的社会招标代理机构，可以承担政府采购代理业务的，也可以不设立专门的集中采购机构。如果集中采购的规模足够大，在集中采购机构设置上，可以设一个，也可以设多个。

3. 独立设置原则。即集中采购机构应当依法独立设置，隶属于同级人民政府，不得与任何政府部门、法人或其他组织存在隶属关系或其他利益关系。

（二）集中采购机构设立条件

根据我国《政府采购法》规定，设立集中采购机构应当具备下列条件：（1）有独立承担民事责任的能力；（2）有一定数量的政府采购执业资格专业人员；（3）拥有固定的办公场所和开展政府采购招标代理业务所需设施及办公条件；（4）具有完善的内部管理制度、业务操作流程和采购业务资料库。

（三）部门集中采购机构的设立

根据我国《政府采购法》规定，省级以上人民政府可以根据政府采购项目实际需要，批准部门或者系统设立负责部门集中采购事宜的专门机构。未经批准设立专门机构的部门或者系统，应当确定本部门或者系统的某一个内设机构负责办理部门集中采购事宜。

二、集中采购机构职责

（一）职责

根据我国政府采购法律规定，集中采购机构的职责主要是代理采购。集中采购机构是政府采购的代理机构，属于政府采购的执行机构，不具备政府采购的行政管理职能。其主要职责是：（1）根据采购人委托，组织实施集中采购目录中通用政府采购项目的采购；（2）与采购人商定采购需求、技术规格、供应商资格条件以及其他商务条件等内容；（3）根据采购人委托，参与合同验收；（4）对本机构组织的政府采购项目执行情况进行跟踪问效；（5）制定本机构内部监督管理制度及操作规程；（6）接受采购人委托，代理分散采购项目采购。

（二）准确定位

按照法律规定，政府集中采购机构类似中介机构，其职责视采购人委托的具体事项而定。也就是说，政府集中采购机构的职责，来自采购人的临时让渡。必须坚持在采购人委托的权限内办理采购事务。代采购人承办采购事务，既不能推卸责任，也不能超越权限。

> **讨论一下：**
>
> 政府集中采购机构为什么没有管理职能？

总之，政府集中采购机构一定要尊重采购人，严格按委托协议办事，不争不抢。当然，这并不是说要政府集中采购机构屈从于采购人，采购人想怎么样就怎么样。要坚持原则，对采购人的合理要求，即符合法律规定和制度规定的要求，要尽可能予以满足，对超出法律法规和制度规定的不合理要求，要坚决予以抵制，不能迁就，这样才能显示出与社会其他代理机构的不同。

三、集中采购机构内部监管制度

集中采购机构处于财政部门、采购人和供应商三者之间，成为政府采购能否达到采购效率更高、采购质量优良和目标的关键，同时它又是法律规定唯一对集中采购目录内的政府采购事宜进行具体操作的单位，容易造成腐败欺诈行为，从而影响到《政府采购法》和政府采购制度的实施，因而必须建立健全内部监督管理制度，使内部监督、社会监督和国家监督三者结合形成一个统一的监督控制体系。

集中采购机构的内部监督管理制度包括科学的决策机制和明确的采购程序、不同采购岗位的规范设置与相互制约、完善有效的内部监督检查制度三个方面。做到采购活动的决策和执行岗位职责明确，并相互监督、相互制约。经办采购的人员与负责采购合同审核、验收人员的职责权限应当明确，并相互分离。

第三节 集中采购机构考核

总结国外经验教训，为有效防止集中采购机构滥用职权，我国《政府采购法》明确规定财政部门和监察部门分别从业务和人员两个方面实施对集中采购机构的考核监管，同时提出了严格具体的工作要求和考核管理内容。

一、集中采购机构工作要求

（一）采购价格要低于市场平均价格

采购价格是指具体采购对象的价格；市场平均价是指具体采购对象的成本加上合理利润，既不是市场价格，也不能低于成本。集中采购机构开展的采购活动，与采购人开展的采购活动一样，必须低于市场平均价，这是推行政府采购制度的基本要求。

> 讨论一下：
> 会不会出现个别采购价格高于市场平均价格现象？为什么？

（二）采购效率要高

采购效率包括采购次数要少，采购周期要短，按时履行委托协议规定事项，目标是要及时满足采购人的需要。

（三）采购质量优良

采购质量是指对采购对象的规格、性能、安全等方面的要求，采购质量不仅指采购对象本身，还涉及售后服务水平。政府采购对象的质量直接关系到政府提供公共服务的水平。因此，必须保证采购质量，实现物有所值的目标。

（四）采购服务良好

集中采购机构最核心的工作就是要树立为采购人服务的思想，要把为采购人服务当成采购中心的中心工作。这是正确履行采购中心职能的一个重要方面。应该承认，实际工作中有些项目的采购价格、采购质量还没有得到采购人和社会的充分肯定，集中采购机构工作人员确实存在着不求人的心态，坐等采购人上门，充分反映代理采购服务的思想不端正。《政府采购法》第十七条对集中采购机构提出了严格要求，就是要清除集中采购机构容易滋生的官僚主义作风、责任心不强、工作效率不高、服务意识淡薄等弊端。

上述四项工作要求是对集中采购机构的基本要求，它们各自不是孤立的而是一个有机整体。政府采购监管机构要对这四项工作要求制定具体的考核标准和办法，督促集中采购机构依法优质开展集中采购代理活动。

二、集中采购机构的考核内容

为了充分发挥集中采购的优势，加强对集中采购机构的监督管理，促进集中采购机构认真履行工作要求，预防集中采购活动中的腐败，《政府采购法》规定，要建立政府采购监督管理部门对集中采购机构的考核制度。考核对象包括对集中采购机构工作人员的考核以及对集中采购机构的考核。考核的具体内容包括：一是集中采购机构执行法律、法规的情况，有无违法违纪行为；二是采购方式和采购程序的执行情况；三是集中采购机构建立和健全内部管理制度情况；四是集中采购机构对投标保证金等的管理情况；五是集中采购机构从业人员的职业素质、专业技能和廉洁自律情况；六是采购价格、资金节约情况；七是集中采购机构对质疑的处理情况；八是集中采购机构的服务质量情况；九是省级以上人民政府财政部门规定的其他事项。上述内容可归纳为以下几类：

（一）专业岗位要求落实情况

政府采购工作是一项政策性强、涉及面广、专业水平要求高的工作，涉及经济科学、自然科学、社会科学等多学科知识，要求采购人员不仅要熟悉政府采购的法律法规和政策，还应当掌握招标投标、合同管理、商品性能等多方面的知识和技能。集中采购机构作为由政府批准设立的法定采购代理机构，在为采购人承办代理采购事项中负有极其重要的职责，对集中采购的采购人员理当要有更高的要求，集中采购机构的采购人员都应当成为政府采购方面的专业人才。只有这样，才能适应采购工作的需要，确保采购活动高效率、高质量开展。

为此，一是考核采购岗位确定是否合理。政府采购监督管理部门必须对集中采购机构的各个岗位进行认真的分析研究，按照采购活动的不同环节合理确定专业岗位，具体规定每个专业岗位的任职要求。二是考核人员配备是否合理。政府采购监督管理部门要依法明确集中采购机构从业人员资格及有关行为准则，并对相关岗位人员提出特殊要求。集中采购机构在配备采购人员时，必须严格按照政府采购监督管理部门规定的专业岗位任职要求进行，不可以将不符合专业岗位任职要求的人员安排在采购岗位上。三是考核采购人员培训教育情况。集中采购机构要按照高标准、严要求的原则安排工作人员，加强对其工作人员的管理、培训和教育。政府采购监督管理部门在加强培训的同时，要从政治思想、专业水平、业绩、职业道德等方面，对集中采购机构的人员定期进行检查和考核。考核不合格的工作人员，不得继续从事集中采购工作。

（二）内部监督管理制度落实情况

> **讨论一下：**
> 集中采购机构为什么没有营利考核指标？

集中采购机构代理采购人的采购事务，掌握着分配商业机会的权力，成为供应商关注的重点对象，其工作人员有可能受利益驱动，搞不公平竞争。为了防患于未然，加强外部监督、提高集中采购机构工作人员的法制意识非常必要。根据《政府采购法》规定，一是考核建章立制情况。集中采购机构要健全内部规章制度，分清各内部机构和工作人员的职责。二是考核内部机构设置情况。集中采购机构内部机构的设置，要将决策和执行分开，采购活动的经办人与采购合同审核、验收人员的职责要明确而且要分离。也就是说，集中采购机构内部机构要按照采购环节设置，将完整的采购程序交由不同机构共同完成，各环节间要形成合作与制约的关系，避免由固定人员完成全部采购活动的现象发生。三是考核人员轮岗情况。在实际工作中，还应当建立内部工作人员轮岗制度。这些措施是为了保护集中采购机构的工作人员，维护集中采购机构良好形象，提高集中采购机构工作人员整体素质。政府采购监督管理部门要对集中采购机构落实内部监管要求的有关情况进行检查和考核，发现问题要及时纠正。

（三）工作要求落实情况

《政府采购法》第十七条明确规定了集中采购机构的四项工作要求。为了便于集中采购机构理解和落实这些工作要求，政府采购监督管理部门要进一步逐项细化，并明确具体的衡量标准。而且，在每个财政年度要进行检查和考核，督促和指导集中采购机构履行各项工作要求。

（四）法律法规落实情况

这方面考核内容很多，是对集中采购机构作为执行机构应当依法开展采购活动的各项情况进行考核。主要考核内容有：执行法律、法规的情况，有无违法违纪行为；纳入集中采购目录的采购项目进展情况；与采购人签订并落实委托代理协议情况；政府采购信息的发布情况；政府采购政策的贯彻落实情况；采购方式的选择情况；采购程序的执行情况；采购合同订立及实施情况；对供应商的询问、质疑答复情况；供应商的投诉情况；采购文件的保存情况；有关资金的收取和使用情况等。

政府采购监督管理部门对集中采购机构的考核，可以实行定期考核与不定期考核相结合、综合考核与专项考核相结合等方式。

三、考核方式方法

1. 定期和定项考核相结合。定期考核原则上每半年进行一次；定项考核根据工作需要随机进行。

2. 定性与定量相结合。对集中采购机构采购次数、采购金额和信息发布等进行定量考核；对采购质量、采购效率和服务水平进行定性综合考评。

3. 自我检查与财政检查相结合。财政监管部门要结合集中采购机构上报的自我检查报告进行考核。

4. 定期与随机检查相结合。

5. 专项检查与全面检查相结合。可对一个采购项目或事务进行专项考核，也可对一段时期采购执行情况开展综合考核。

四、考核流程

（一）成立机构，制订方案

财政部门作为政府集中采购机构监管机关，首先组织考核小组对集中采购机构进行考核，制订考核计划和考核方案，能采取量化考核的制定考核标准。考核小组人员除财政部门人员外，还可以邀请监察、审计部门人员参加，必要时邀请采购人、供应商、评审专家和受聘政府采购的监督员参加。量化考核标准，具体如表6－1所示。

表6－1　政府集中采购机构监督考核表

被考核单位：××政府采购中心　　考核期间：××年度

考核内容	标准分	自评得分	考核得分	备注
一、基础工作考核				
其中：1. 机构设置				
2. 岗位设置				
3. 人员技能				
4. 业务培训				
5. 档案管理				
6. 咨询专家库建设				
二、代理程序考核				
其中：1. 签订委托代理协议				
2. 执行采购方式				
3. 编制采购文件				
4. 发布采购信息				
5. 组织采购活动				
6. 公示采购结果				
7. 督促或组织签订采购合同				
8. 采购资料备案				
三、工作质量和业绩考核				
其中：1. 遵纪守法情况				
2. 工作效率				
3. 工作效果和服务质量				
四、廉洁自律考核				
其中：1. 廉洁自律制度建设				
2. 廉洁自律表现				
五、信息统计考核				
合　计	100			

考核时间：　××年××月××日

（二）自我检查

集中采购机构在一周之内按考核要求进行自我检查，形成自查报告，并做好有关考核所需要的文件、数据及资料的整理工作，以备向考核小组提供。

（三）验证核实

考核小组对集中采购机构的自查报告和相关资料进行验证核实，量化打分。考核工作中，集中采购机构对考核小组的意见有分歧时，应当进行协商，协商困难的，应以书面形式将意见报财政部门，财政部门按规定予以答复或处理。

（四）整改建议

财政部门依据考核中发现的问题，向集中采购机构提出改进建议，集中采购机构应按照财政部门的建议进行整改。

（五）结果公告

考核小组要在考核工作结束5个工作日内形成书面考核意见，书面考核意见应当由考核小组集体研究决定，重大事项和情况可向财政部门请示或报告。财政部门作出正式考核报告报同级人民政府，同时抄送监察部门、审计部门和集中采购机构。财政部门将考核结果在财政部、省财政厅指定的政府采购信息发布媒体上公布。

五、违法行为和法律责任

（一）集中采购机构的违法行为和法律责任

1. 对经过考核，工作业绩优良的集中采购机构要给予通报表彰。集中采购机构在考核中，虚报业绩，隐瞒真实情况的，或者无正当理由拒绝按照财政部门考核意见及时改进工作的，由财政部门或者同级人民政府给予警告或通报批评，情节严重的，可责令停止1～3个月的代理采购业务（此期间业务由采购人委托其他采购代理机构办理），进行内部整顿。其中涉及集中采购机构领导或工作人员的，监察机关对直接责任人员可根据情节给予行政处分。

2. 集中采购机构发生下列情形，应当责令其限期改正，给予警告，对直接负责的主管人员和其他直接责任人，由其行政主管部门或监察机关给予行政处分：

一是应当采取规定方式而擅自采取其他方式采购的；二是擅自提高采购标准的；三是以不合理条件对供应商实行差别待遇或歧视待遇的；四是在招标过程中违规与投标人进行协商谈判的；五是拒绝有关部门依法实施监督检查的。

3. 集中采购机构发生下列情形的，应当给予警告；情节严重的，可责令停止1～3个月的代理采购业务，进行内部整顿：

一是未按规定在财政部门指定媒体上发布政府采购信息的；二是按规定应当在财政部门指定媒体发布招标公告和中标公告而发布率不足95%的；三是按规定应当在财政部门备案的招标文件、招标结果和合同其备案率不足90%的；四是未经财政部门批准擅自改变采购方式的；五是质疑答复满意率、服务态度和质量满意度较低的；六是违反本办法规定的其他考核内容的。

4. 集中采购机构工作人员有下列情形的，将追究有关直接责任人的责任，并且视情节轻重给予短期离岗学习、调离（辞退）、处分等处罚。构成犯罪的，依法追究刑事责任：

一是与政府采购供应商恶意串通的；二是在采购过程中，接受贿赂或获取其他不正当利益的；三是违反政府采购及招标投标法律、法规、规章制度有关规定的；四是在有关部门依法实施监督检查中提供虚假情况的；五是由于个人工作失误，给采购人、供应商造成重大经济损失或不良影响的。

5. 集中采购机构有下列情形之一的，责令限期改正，情节严重的，给予警告，可以并处1万元以上5万元以下的罚款，对直接负责的主管人员和其他直接责任人员，由其所在单位、上级行政主管部门或有关机关给予处分，并予通报：

一是未依法在指定媒体上发布政府采购信息的；二是未落实优先或强制政府采购政策的；三是未依法在政府采购评审专家库中抽取专家的；四是在邀请招标、竞争性谈判和询价采购中，未按规定程序进行资格预审或选择供应商的；五是未在规定时间将政府采购合同副本报同级政府采购监督管理部门和有关部门备案的；六是未按规定组织对供应商履约情况进行验收的；七是对供应商的质疑逾期未作处理的。

6. 集中采购机构及其工作人员在采购活动中故意作有倾向性或虚假陈述，误导评标委员会、竞争性谈判小组或询价小组中政府采购评审专家的，给予警告，对其处以2万元以上20万元以下的罚款。对其工作人员处以2 000元以上2万元以下的罚款，并由其行政主管部门或有关机关给予处分，并予通报。

7. 集中采购机构从事营利活动的，责令限期改正，给予警告，有违法所得的，并处没收违法所得，由设立该集中采购机构的人民政府或有关机关对其直接负责的主管人员和其他直接责任人员依法给予处分。

8. 集中采购机构有下列情形之一的，责令限期改正，情节严重的，给予警告；拒不改正的，由设立该集中采购机构的人民政府或有关机关依法给予其直接负责的主管人员和其他直接责任人员处分：

一是内部监督管理制度不健全，或对依法应当分设、分离的岗位、人员未分设、分离的；二是将集中采购项目委托其他采购代理机构采购的；三是采购价格明显高于市场平均价格，或质量不符合采购需求，且不能合理说明理由的；四是未依法建立政府采购内部管理系统和业务资料库，管理混乱的。

（二）考核机构的违法行为和法律责任

财政部门或考核小组在考核工作中违反本办法规定，弄虚作假、徇私舞弊或滥用职权的，要给予通报批评；情节严重的，由其上级部门或监察机关依法给予行政处分；构成犯罪的，依法追究刑事责任。

六、集中采购机构分离

> **想一想：**
>
> 政府采购监管机构与执行机构为什么分离难？

政府采购监管机构和集中采购机构两者之间是管理主体和执行主体的关系，是监督与被监督的关系。因此，管理主体履行政府采购的行政管理职能，执行主体行使政府采购的商务职能，管理机构和执行机构要分设，以形成有效的制衡机制。一是机构和人员的相对分离；二是工作职责的分离。

《政府采购法》规定集中采购机构应当独立设立。为了贯彻实施这一规定，目前设立在财政部门或者其他部门的集中采购机构，要依法与原部门分离，改为政府直属事业单位。

在集中采购机构分离工作中，财政部门要对集中采购机构的依法设置向当地政府提出意见和建议，还要积极探索依法设置集中采购机构的其他形式。符合《政府采购法》要求的集中采购机构设立方式并不是唯一的。无论采取哪种模式，都要符合法律规定，都要有利于政府采购工作的开展。

案例阅读

山东试破办公品集中采购潜规则　剔除“自杀价”

近日，山东省财政厅制定并公布了《2010 年山东省省级政府集中采购目录》，规定省级政府采购 200 万元以上工程项目必须公开招标。同时规定，单项采购额在 5 万元以上的项目，也应按规定实行政府采购，由部门委托经财政部或山东省财政厅认定资格的政府采购代理机构代理采购，或者委托省级机关政府采购中心代理采购。

近年来在集中采购方面各地出现的一些案例表明当前集中采购存在着漏洞，需要解决。尤其是集中采购最为集中的办公用品领域，因为涉及面广，涉及金额多，更需要呼唤“阳光”下的透明采购。

在办公用品集中采购行业从业多年的张先生接受记者采访时表示：“现在办公用品的集中采购中出现这些事并不奇怪。虽然现在很多大宗集中采购都实行了招标制度，但即使是公开招标，也可以做手脚。”

据他描述，现在公开采购时，要先有招标信息，然后有招标、竞标等过程。其中招标、竞标这两个环节对代理商尤其重要。要想走到这一步，代理商的活动费用大概要占标的额的 1/10。如果代理商能拿到这个单子，那么今后的维护工作因为事先已有所默契，就相对会容易很多。

在另一家商贸公司从事集中采购业务的黄先生也在这一行业从业多年。他表示：“现在办公用品行业涉及的领域非常广泛，从电脑、打印机、复印机这类整机到墨盒、硒鼓等办公耗材，从照相机、摄像机、录音笔等数码产品到办公家具、书写工具、办公用纸等，这是一个非常庞大的消费市场，而这一市场的集中采购就会出现一些灰色交易。”

而集中采购领域的潜规则正在向更隐秘的形式发展。在一些招投标项目中，不时会有一些企业在交付巨额投标保证金后甘愿被“废”，报出令人瞠目结舌的“自杀价”。其背后的秘密是几家投标公司互相串通，约定报价，以保证一家中标。

针对目前办公领域集采过程中暴露的问题，业内人士认为，要想改变这种采购潜规则，就要从体制上研究问题所在，找出应对措施。当前山东省财政厅在政府采购上的整治措施，不仅遏制了山东省办公采购行业的潜规则，更为全国各地办公采购领域的整治树立了标杆。当然，要想从根本上消除办公用品集中采购行业的黑幕，还需要单位、企业双重规范流程管理，将办公采购领域的采购潜规则扼杀在摇篮里。

思考题

1. 集中采购的业务范围有哪些？
2. 简述集中采购机构的设置原则和条件。

3. 集中采购机构的职责是什么？
4. 集中采购机构工作要求有哪些？
5. 集中采购机构的考核内容是什么？

案例分析

关于对2009年度政府集中采购机构考核情况的报告

省财政厅：

2009年，在省财政厅的关心、指导下，在市财政局局党组的领导、支持下，我市各级政府采购监管部门围绕市委市政府和财政中心工作，以开展政府采购领域治理商业贿赂专项工作为契机，不断改革创新，进一步完善政府采购制度管理，加强对集中采购机构监管力度；牢固树立构建和谐社会理念，充分发挥政府采购政策性导向作用，不断提高政府采购工作效率和服务意识。今年初，市财政局联合市监察局对2009年我市各地区政府集中采购工作进行考核，现将考核情况报告如下：

2009年，全市各政府集中采购机构以落实《政府采购法》为基础，以规范政府采购行为为重点，坚持开拓创新，不断完善政府采购运行机制，推动本地区政府采购规范化发展。体现在：(1) 政府采购理念进一步创新；(2) 政府采购效益进一步显现；(3) 政府采购管理进一步转型；(4) 治理商业贿赂工作不断推进；(5) 政府采购操作程序进一步规范；(6) 基础管理工作进一步完善。

通过考核，我们认为：2009年，各集中采购机构业务操作不断规范、采购实践不断创新、内部管理不断加强，各集中采购机构整体水平有了进一步提高。经评定：市政府采购中心、××、××、××、××集中采购机构为优秀。同时，我们在考核中也发现存在的不足，主要体现在：一是采购人员专业素质仍需进一步提高；二是宣传力度需要进一步强化；三是对履约阶段的跟踪管理有待进一步加强。

××市财政局

2010年2月2日

案例思考：该市政府采购中心工作成效是什么？做好政府集中采购工作的重点是什么？该市政府集中采购工作还需要从哪些方面进行改进？下一年度政府集中采购工作中心是什么？

第七章 政府采购预算

学习目标

- □ 了解政府采购预算编制原则和依据
- □ 掌握政府采购预算编制的内容和方法
- □ 了解政府采购预算执行分析

第一节 政府采购预算分类

一、政府采购预算概念

政府采购预算是指经法定程序批准的全面反映政府采购活动内容的年度政府采购计划。包括单位采购预算和财政采购预算两部分。按我国《预算法》规定，单位采购预算由采购人负责编制，财政采购预算由政府负责编制，政府财政部门负责具体编制。科学地编制政府采购预算，是政府采购规范管理的前提和基础工作。加强政府采购预算管理，不仅对保证事业计划和行政任务的完成，而且对财政预算的顺利完成，规范政府采购行为，保证政府采购活动顺利实施，都具有十分重要的意义。

二、政府采购预算分类

1. 按采购人划分，可划分为国家机关采购预算、事业单位采购预算和团体组织采购预算。

2. 按政府采购对象划分，可划分为货物类采购预算、工程类采购预算以及服务类采购预算。

3. 按采购预算编制范围划分，可划分为单位采购预算和财政采购预算。单位采购预算是由各采购人编制的反映单位采购内容的年度政府采购计划，是编制财政采购预算的基础。财政采购预算是由政府财政部门具体编制的、反映一级政府采购内容的年度采购计划，是政府预算的有机组成部分。一经批准，必须严格执行。

第二节

政府采购预算编制

一、编制准备工作

（一）做好上年度政府采购预算执行情况分析研究工作

一般来说，计划年度的政府采购预算，要在报告年度第三季度开始着手进行编制。所以，全面准确地分析本年度的政府采购计划执行情况，是编制下年度采购预算的基础。因此，各采购单位应当对本单位、下属各单位的工作进度、工作质量进行详细调查研究，掌握其装备情况，对照正常的配备标准，结合系统内的平均装备水平，找出应该保留和更新的装备情况，考虑经济社会发展趋势、工作需要和自身财力，分析本年度扩大政府采购项目的必要性和可能性，使政府采购预算的编制更符合实际。

想一想：

科学编制政府采购预算的对策有哪些？

（二）做好政府采购预算编制的安排部署工作

政府采购预算的编制比较复杂，采购单位对政府采购预算编制工作还很陌生。为规范采购预算的编制，必须认真做好对采购单位和有关人员编制预算的安排部署工作，一般由各级政府财政部门具体安排部署。采购单位在编制采购预算前，首先要认真学习编制政府采购预算的有关规定，掌握编制政府采购预算的方针、政策、原则、采购目录范围，明确编制采购预算的基本任务、内容、方法、程序、具体要求和报送日期等，真正做好编制单位采购预算的准备工作。

（三）科学论证采购项目，妥善落实采购资金

政府采购预算是保证落实政府采购项目资金的前提，能够有效保障政府采购工作的信誉。因此，采购单位财务部门、资产管理部门和业务部门应在单位领导的统一协调下，从单位实际情况出发，实事求是地提出采购项目需求，并进行认真论证，落实相应的资金来源。申请财政专项拨款和在预算执行中申请追加资金进行采购的单位，应从单位实际出发，提出采购项目的可能性研究报告，报财政部门和主管部门审查，以提高其预算额度的准确性。

二、编制原则和依据

（一）编制原则

政府采购预算是年度政府预算的重要组成部分。编制政府采购预算是政府采购管理的首要和基础工作。依据我国相关法律法规规定，应当遵循以下原则：

1. 政策性原则。编制政府采购预算，不仅仅是一个经济问题，更重要的是一个政治问题。在编制政府采购预算的过程中，应当以国家有关方针、政策和法律制度为依据，充分体现国家在优先采购国货、采购节能产品、采购环保产品、采购自主创新产品等方面的方针政策，根据完成事业计划和行政工作任务的需要，正确处理需要与可能的矛盾，保证重点，兼顾一般，实事求是地进行编制。

2. 实用性原则。在安排年度政府采购预算和项目时，要结合地区和单位实际，统筹规划，精打细算，不要盲目追求高标准采购，贪大求洋，应以满足政务活动和公共服务的需要为基础，适当考虑超前发展。同时，也要避免不考虑发展造成刚投入使用即落后，重新建设，导致不必要的损失和浪费。

3. 可靠性原则。政府采购预算一经批准，必须严格执行，一般不能调整。因此，在编制政府采购预算时，既要把根据事业发展需要应采购的项目考虑好，还应该注意政府采购资金的来源是否可靠，有无保证，不能预留资金缺口。包括在政府预算执行中追加的采购项目也必须有可靠的资金来源，以维护政府采购的良好信誉。

4. 完整性原则。预算单位在编制采购预算时，必须根据部门预算编制的有关要求，全面、准确地掌握本部门、本单位的国有资产信息状况，在对市场进行广泛调研的基础上，按照政府采购目录、政府收支分类科目和有关预算支出定额的要求，把单位年度政府采购项目的内容完整、全面地反映在单位政府采购预算表格中，不得在预算之外另留采购项目，人为地逃避政府采购预算的约束。

5. 统一性原则。财政部门和采购单位在编制政府采购预算时，要按照政府统一设置的政府采购预算表格，统一内容、口径、程序、计算方法填列有关文字和数字信息，随部门预算一同按时上报，保证政府采购预算与政府其他预算的协调统一。

（二）编制依据

1. 相关方针、政策和法规。为了推动政府采购制度的改革和建设，政府采购预算编制必须遵循各级政府制定的方针、政策、相关法律和规章。截至 2009 年，与政府采购管理相关的法律包括《政府采购法》、《预算法》、《招标投标法》、《合同法》、《审计法》、《行政复议法》、《行政诉讼法》等 14 个，规章主要包括《政府采购货物和服务招标投标管理办法》、《政府采购信息公告管理办法》、《政府采购供应商投诉处理办法》、《政府采购代理机构资格认定办法》、《集中采购机构监督考核管理办法》、《政府采购评审专家管理办法》等 30 多个。

2. 政府采购目录和采购限额标准。凡是列入政府采购目录范围和达到采购限额标准的采购项目必须编入预算单位的政府采购预算，不得有人为的漏编行为。财政部颁布的政府采购品目详细内容见表 7－1。

表7－1 政府采购品目分类表

序号	品目名称	序号	品目名称
A	货 物 类	A0405	可写光盘
A01	土地	A0406	硒鼓
A02	建筑物	A0407	墨盒、墨粉
A0201	办公用房	A0408	色带
A0202	宿舍用房	A0499	其他消耗用品
A0299	其他建筑物	A05	建筑、装饰材料
A03	一般设备	A0501	水泥
A0301	电器设备	A0502	木材
A030101	电视机	A0503	板材
A030102	电冰箱	A0504	金属材料
A030103	洗衣机	A0505	瓷砖
A030104	吸尘器	A0506	清洁用具
A030105	摄影、摄像器材	A0507	玻璃
A030106	空气调节设备（包括除湿设备）	A0508	油漆
A030199	其他电器设备	A0599	其他建筑、装饰材料
A0302	办公自动化设备	A06	物资
A030201	计算机	A0601	救灾物资
A030202	打印机	A0602	防汛物资
A030203	电话机	A0603	抗旱物资
A030204	传真机	A0604	农用物资
A030205	复印机	A0605	储备物资（包括粮食、糖、棉花等）
A030206	速印机	A0606	燃料
A030207	碎纸机	A0699	其他物资
A030208	投影仪	A07	专用材料
A030209	扫描仪	A0701	药品及医疗耗材
A030299	其他办公自动化设备	A0702	兽医用品
A0303	家具	A0703	图书资料
A030301	办公家具	A0704	实验室用品及小型设备
A030302	宿舍家具	A0705	胶片胶卷、录音录像带
A030399	其他家具	A0706	工具和仪器（指仪表、乐器等）
A04	办公消耗用品	A0707	艺术部门用材料和用品（反映演出用服装、道具等）
A0401	纸张		
A0402	信封	A0708	军装、制服及劳保用品
A0403	档案夹	A0799	其他专用材料
A0404	软盘	A10	专用设备

续表

序号	品目名称	序号	品目名称
A1001	通信设备	A1028	炊事设备
A100101	移动通信设备	A1029	锅炉
A100102	电话通信设备	A1099	其他专用设备
A100199	其他通信设备	A11	交通工具
A1002	印刷设备	A1101	汽车
A1003	照排设备	A110101	轿车
A1004	网络设备	A11010101	普通轿车
A100401	服务器	A11010102	高级轿车
A100402	路由器	A110102	越野汽车（吉普车）
A100403	交换机	A110103	卡车
A100404	调制解调器	A110104	载客汽车
A100499	其他网络设备	A11010402	旅行面包车
A1005	发电设备	A11010403	公共汽车
A1006	医疗设备、器械	A11010404	微型客车
A1007	计划生育设备	A11010499	其他载客汽车
A1008	交通管理监控设备	A110105	专用汽车
A1009	港口设备	A11010501	工程汽车
A1010	农用机械设备	A11010502	工具汽车
A1011	工程机械	A11010503	消防车
A1012	园艺机械	A11010504	警车
A1013	消防设备	A11010505	救护车
A1014	道路清扫设备	A11010506	通讯和广播用车
A1015	警用设备和用品	A11010507	皮卡
A1016	保安设备	A11010508	洒水车
A1017	军用设备和用品	A11010509	道路清扫车
A1018	档案、保密设备	A11010510	垃圾车
A1019	教学设备	A11010599	其他专用汽车
A1020	实验室设备	A110106	摩托车
A1021	广播电视、影像设备	A110107	电车
A1022	灯光、音响设备	A1102	船只
A1023	文艺设备	A1103	飞机
A1024	体育设备	A1199	其他交通工具
A1025	地震设备	A99	其他货物
A1026	殡仪火化设备	**B**	**工　程　类**
A1027	电梯和起重机	B01	建筑物

续表

序号	品目名称	序号	品目名称
B0101	公用房建设	B09	修缮、装饰工程
B0102	住房建设	B99	其他工程
B0103	其他用房建设	C	服务类
B0104	文教、卫生、音乐、体育等公益设施建设	C01	印刷、出版
		C02	专业咨询、工程监理、工程设计
B0105	纪念性建筑设施建设	C03	信息技术、信息管理软件的开发设计
B0199	其他建筑设施建设	C04	维修
B02	市政建设工程	C0401	一般设备
B0201	市政道路建设	C0402	专用设备
B0202	市政公用设施建设	C0403	建筑物
B0203	自来水输水工程	C0499	其他维修
B0204	集中供暖、供热、供气工程	C05	保险
B03	环保、绿化工程	C06	租赁
B0301	污水处理	C0601	办公用房
B0302	市政垃圾处理	C0602	宿舍用房
B0303	园林绿化工程	C0603	仓库
B0304	荒山绿化	C0604	设备和机械
B0305	天然林保护	C0699	其他租赁
B0306	防沙工程	C0703	交通工具的维护保障
B04	水利、防洪工程	C070301	车辆保险
B0401	河道疏浚工程	C070302	车辆加油
B0402	大坝、水库、闸门、泄洪工程	C070303	车辆维修
B0403	农田水利工程	C08	会议
B0404	江河、湖泊治理工程	C0801	大型会议（包括全国或区域党代会、人代会、政协会等大型会议）
B05	交通运输工程		
B0501	机场、航空工程	C0802	一般会议（包括各种会议，如研讨会、表彰会等）
B0502	港口工程		
B0503	铁路工程	C09	培训
B0504	公路、桥梁、涵洞	C0901	国内培训
B06	油气工程	C0902	国外培训
B07	电力工程	C10	物业管理
B08	电信工程	C99	其他服务

3. 业务部门提供的采购计划。因为政府采购预算对应于单位的增量资产采购，因此，各预算单位在编制政府采购预算时，一方面要全面掌握本单位的资产存量情况，还应当广泛搜集和参考单位各业务部门提出的符合实际的采购计划，经过审核研究确定。

4. 单位采购资金额度。为使政府采购预算编制达到真实、可靠的要求，预算单位在编制政府采购预算时，必须对本单位各项收入中能够安排用于货物、工程和服务采购的资金额度进行详细测算，避免在政府采购预算执行中出现不能按期付款的问题。

5. 政府采购对象的市场行情。政府采购对象的市场行情是一个动态的价格，价格估算做到基本准确，有利于合理编制预算。因此，在编制政府采购预算时，不能闭门造车，不能单靠“拍脑袋”，不能简单地以市场价作依据，不能“照搬”以往的采购价，不能简单地“打折扣”编预算，不能为了整数字而“造预算”。一方面要充分参考近期各类采购对象的中标价；另一方面要与有关供应商进行磋商，预测有关采购对象的价格变动趋势，从而编制出比较符合实际的政府采购预算。

三、编制程序、内容和方法

（一）编制程序

政府采购预算是政府预算、部门预算的有机组成部分。因此，政府采购预算编制的程序与现行部门预算编制的程序相适应，亦采取“自下而上、自上而下、两上两下、上下结合”的程序。具体程序是：

> **想一想：**
> 编制政府采购预算为什么要执行“两上两下”程序？

1. “一上”。自下而上上报采购预算建议数。各预算单位在编制部门预算时，按照编制预算通知精神的有关要求，同时编制单位采购预算，提出预算建议数，主管部门审查汇总报财政部门审核。

2. “一下”。自上而下下达采购预算控制数。对预算单位汇总上报的包括单位采购预算在内的财务收支计划，由财政部门的主管处室初审并送预算处（有的地方财政部门成立了评审小组）审核后，向各单位下达预算控制数。

3. “二上”。自下而上上报采购预算草案。各预算单位根据财政部门下达的预算控制数，结合本单位预算年度的收支情况，特别是财政拨款补助数变动情况，本着“量入为出，不留缺口”的原则，对相关收支项目进行调整，包括调整单位采购预算，编制单位预算草案。单位在调整采购预算时，应根据事业发展和工作计划，提出具体采购项目的实施时间。单位预算草案编好的，各单位按照规定时间将预算草案报送主管部门审核汇总，由主管部门报财政部门审批。

4. “二下”。自上而下批复采购预算。财政部门将各部门包括单位采购预算在内的部门预算汇总编入本级政府预算，按法定程序批准后，在规定时间内，随单位预算一并批复下达各单位。单位预算一经批准，即成为预算执行的依据，各单位必须认真执行，不得任意调整。

（二）编制内容

依据我国政府采购预算编制规定，其内容一般包括采购项目、采购资金来源、数量、型号、需求时间（开工时间和使用时间）等。

1. 采购项目。按当年政府或者授权财政部门公布的政府采购目录和采购限额标准进行编制。政府采购目录和采购限额标准是政府采购中需要重点管理的货物、工程和服务的归集，是预算单位编制年度政府采购计划的依据之一。

下面以某市为例，说明地方政府采购目录和采购限额标准的内容。

根据《中华人民共和国政府采购法》和《国务院办公厅关于印发中央预算单位2007—2008年政府集中采购目录及标准的通知》（国办发［2007］30号）精神，结合该市具体情况，现制定该市2009年政府采购集中采购目录及标准。

一是集中采购目录（见表7－2）。

表7－2　　2009年某市政府集中采购目录

目　录	备　注	采购类型
（一）通用类政府采购项目		
1. 货物类		
摄影、摄像设备	指数码照相机、数码摄像机、胶片单反照相机（含镜头）及零配件	单项或批量小于100万元为协议采购，100万元以上（含100万元）为项目采购
空气调节设备	指分体壁挂式、分体柜式、天花板嵌入式（吸顶式）、分体风管机（天井式）	
计算机	指台式机、笔记本及零配件	
显示器		
打印机	指喷墨、激光、针式、多功能一体机、用于固定资产管理的条码打印机	
传真机		
复印机	指复印机、速印机	
投影仪		
投影幕		
扫描仪	指高速文档扫描仪、平板扫描仪、便携式扫描仪、专用扫描仪、用于固定资产管理的数据采集扫描器	
刻录机	指内置、外置	
UPS电源	指后备式、在线式	
移动存储设备	指U盘、移动硬盘、数码照相机伴侣、录音笔	单项或批量小于100万元为协议采购，100万元以上（含100万元）为项目采购
硬盘保护卡		
碎纸机		
服务器	含零配件	
网络交换机		
路由器		
电视机		
复印纸	指单项或批量达到1万元以上（含1万元）	

续表

目　　录	备　　注	采购类型
家具	指单项或批量达到 30 万元以上（含 30 万元）	项目采购
电梯和起重机		
锅炉		
轿车		车辆采购
越野汽车（吉普车）		
旅行车		
大客车		
摩托车		
其他汽车	指皮卡、箱式货车、救护车、清障车、囚车	
2. 服务类		
车辆保险		车辆三费
车辆加油		
车辆维修		
会议		定点采购
（二）专用类政府采购项目		
1. 货物类	指单项或批量达到 30 万元以上（含 30 万元）	
救灾物资		项目采购
防汛、抗旱物资		
农用物资		
储备物资		
医疗设备、器械		
交通管理监控设备		
农用机械设备		
警用设备和用品		项目采购
专用教学设备		
广播电视设备		
体育设备	不含专业运动队设备	
专用汽车		
软件	指不需另行开发的成品软件	
信息安全产品	指防火墙、入侵检测、VPN（商密）、漏洞扫描、网页防篡改系统、网络安全审计、安全集成管理平台、反垃圾邮件产品、安全隔离与信息交换系统产品、主机安全管理系统产品	协议采购
2. 服务类		

续表

目　录	备　注	采购类型
印刷	指证照类；发票、票据类；报表类；书刊、培训类；宣传用品类；其他类	单项或批量小于100万元为定点采购（发票、票据类除外），100万元以上（含100万元）为项目采购
互联网接入服务		定点采购
物业管理	指单项或批量达到30万元以上（含30万元）	项目采购
事务所服务		
3. 工程类	指单项或批量达到100万元以上（含100万元）	
修缮、装饰工程		项目采购
市政建设工程		
环保、绿化工程		
水利、防洪工程		
交通运输工程		

二是政府采购限额标准。集中采购目录以外项目执行如下限额标准：货物类，单项或批量达到50万元以上（含50万元）；服务类，单项或批量达到50万元以上（含50万元）；工程类，单项或批量达到100万元以上（含100万元）。

三是政府采购公开招标数额标准：货物或服务类，单项或批量采购金额一次达到100万元以上（含100万元）；工程类，按照该市有关规定执行。

2. 数量。指采购项目的计划采购量。

3. 型号。指计划采购项目的配置标准。

4. 资金来源。指单位用于政府采购项目支出的资金来源渠道。一般包括：（1）财政拨款。指单位从财政预算拨款中用于政府采购项目的支出部分。（2）财政专户拨入资金。指单位用存入财政专户的收入安排政府采购项目的支出部分。（3）单位留用收入。指单位用于批准直接留用的收入安排政府采购项目的支出部分。（4）其他收入。指单位用上述资金来源以外的资金安排政府采购项目的支出，包括自筹资金、国家财政转贷资金、银行贷款、国际金融组织贷款等。

从实际工作来看，预算单位的支出一般分为三大类：人员经费、公用经费和专项经费。政府采购的具体项目是货物、工程和服务，因此，资金来源主要限定在各项收入安排的公用经费和专项经费部分。

5. 需求时间。是政府采购项目通过法定政府采购方式，获取货物，接受服务和工程的开工时间。

（三）编制方法

1. 单位采购预算的编制方法。各采购单位要根据政府采购监管机关规定的年度政府采购项目范围、各单位的工作任务、中长期发展规划，按照一定的配备标准，结合本单位的具体情况，按照实事求是的原则编制本单位的年度采购预算。在具体编制时，要注意以下几个问题：一是要根据党和国家的方针、政策以及行业发展计划要求和行业配备标准据实分年度进行实施；二是要根据单位自身的财力许可条件，正确处理好单位采购需要和需求的关系；三是采购单位的主管部门要加强对上报的采购预算的审查和监督。

单位采购预算表具体如表 7－3 所示。

表 7－3　　单位政府采购预算表

填表单位：（盖章）　　单位：万元

<table>
<tr><th rowspan="4">序号</th><th colspan="2">项目</th><th rowspan="4">规格要求</th><th rowspan="4">数量</th><th colspan="9">某年政府采购资金来源</th><th rowspan="4">需求时间</th></tr>
<tr><th rowspan="3">采购项目</th><th rowspan="3">采购目录</th><th rowspan="3">总计</th><th colspan="3">财政拨款（补助）</th><th rowspan="3">预算外资金</th><th rowspan="3">纳入预算管理的政府性基金</th><th rowspan="3">行政事业单位经营性资产收益</th><th rowspan="3">上年专项结转</th><th rowspan="3">其他自有资金</th></tr>
<tr><th colspan="2">经费拨款（补助）</th><th rowspan="2">纳入预算管理收费收入安排的拨款</th></tr>
<tr><th>公用经费定额资金</th><th>财政安排的专项资金</th></tr>
<tr><td>*</td><td>*</td><td>*</td><td>1</td><td>2</td><td>3</td><td>4</td><td>5</td><td>6</td><td>7</td><td>8</td><td>9</td><td>10</td><td>11</td><td>12</td></tr>
<tr><td></td><td></td><td></td><td></td><td></td><td></td><td></td><td></td><td></td><td></td><td></td><td></td><td></td><td></td><td></td></tr>
</table>

填表人：

注：1. 此表填列××年拟在本单位经费中购置需实行政府采购的项目，应结合下达的××年部门预算数填列。咨询电话：××××。

2. 此表应在××年×月×日前报送对口财政局业务科室，以便汇总编报政府采购预算。

由于我国编制政府采购预算的时间不长，在实际工作中，出现了一些不规范的做法。以下几种采购预算编制方法必须引起高度重视：一是直接以“市场价”编制采购预算；二是以“过去采购价”编制采购预算；三是“照搬”外地价格编制采购预算；四是采取“打折扣”方法编制采购预算；五是采取“预估”方法编制采购预算。

上述种种采购预算编制方法弊端很多：一是降低财政资金使用效率；二是影响采购计划的有效执行；三是影响依法采购。

为保证政府采购预算的质量，特别要注意以下几点：一是“采购项目”必须具体；二是“技术指标”必须规范；三是“预算金额”要有竞争性。

2. 财政采购预算的编制方法。按照有关规定，政府采购监管机关应当根据年内政府采购的有关政策和财政部门下达的预算控制指标，结合本地区的实际情况，将各部门上报的采购预算进行审核、分析后，汇总编制本级政府的年度政府采购预算，报政府审定后，最后提交人代会审批。

财政部门在审核单位采购预算时，应采取以下行之有效的方法：一是要结合采购人的职能特点，有针对性地下达采购项目的预算金额；二是要结合当地的财政收入状况，分析确定采购项目的预算金额；三是要对上年度的采购实绩进行“动态”分析，有连贯性地确定新年度采购项目的预算金额；四是要结合产品价格的市场行情，比较真实地研究确定采购项目的预算金额；五要结合周边地区采购项目的预算金额确定方法，分析制定本地区的预算金额，而不能简单地照搬外地的数据。

四、审批

依据我国《预算法》规定，政府采购预算包括政府采购预算的审查和审批两个方面。

（一）政府采购预算的审查

政府采购预算的审查，是提高部门预算和政府采购预算编制质量的重要环节。因此，政府采购预算草案编制完成以后，财政部门要组织相关支出管理机构进行认真审核。主要内容有：

1. 采购项目审查。根据国家有关方针、政策、法律及采购单位的性质、规模和工作任务，参照有关配备标准，确定采购项目是否需要或必要。也就是审核每项商品的采购依据。

2. 资金来源审查。对用于采购项目的预算内资金、预算外资金及其他资金的可靠性、合法性进行审核。

3. 资金预算审查。对计划采购的每一项目预算按现行市场相对合理价格进行审核。审核采购预算的准确性及合理性。

（二）政府采购预算的审批

政府采购预算的审批程序是：

1. 采购预算的初步审查。中央和县以上地方各级政府预算草案应在本级人代会召开的前一个月，由各级政府财政部门，将包括政府采购预算在内的政府预算草案的主要内容提交本级人代会有关的专门委员会或本级人大常委会有关的工作委员会进行初步审查。

2. 采购预算的审批。在人代会召开期间，由财政部门代表本级政府向大会报告包括政府采购预算在内的政府预算草案。人代会的专门委员会将对预算草案的初步审查结果在人代会召开期间提交人代会讨论。在讨论审议过程中，人大代表有权就有关问题提出质询，财政部门必须作出答复。审查通过后，人代会作出批准决议或修改决议，政府根据人代会的决议对预算草案进行调整核定。政府预算经人代会审查批准后，应及时向社会公布。

3. 采购预算的汇总备案。政府预算经批准后，各级政府应及时将本级政府预算、下级政府报送备案的预算汇总后，分别报上级政府和同级人大常委会备案。

4. 采购预算的批复。各级政府预算经批准后，本级政府财政部门要及时（30 天）向本级政府各部门批复预算，各部门要及时（15 天）向所属单位批复预算。

第三节

政府采购预算执行

政府采购预算经过批准后，就进入了执行阶段。编制政府采购预算仅仅是政府采购管理工作的开始。完成全年政府采购的各项工作任务，还必须做大量的执行管理工作，可以说，政府采购预算执行工作是整个政府采购预算管理的中心环节。

一、组织体系和任务

政府采购预算执行，是一项经常性、艰巨性、复杂性和细致性的工作，必须建立一套完备的、科学的组织体系，才能顺利地完成执行阶段的各项工作任务。依据我国《政府采购法》规定，政府采购预算执行组织体系主要包括政府采购监管机关、监督机关、国库和政府采购当事人（执行机构）四个方面。参与政府采购预算执行的各主体及任务如下：

（一）政府采购监管机关

> **讨论一下：**
> 在政府采购执行阶段，监管机构发挥作用最有效的手段是什么？

作为政府采购监管机关的财政部门，对政府采购执行的监管是综合性、经常性的监管。在执行中的主要任务是：一是负责政府采购计划的制订和执行；二是负责政府采购方式的审批；三是负责政府采购资金的支付监督工作；四是负责监管采购人、采购代理机构和供应商的采购执行工作；五是负责协调采购过程中各方面的关系，处理执行中的投诉、复议工作；六是负责组织政府采购相关人员的培训；七是负责政府采购合同备案工作；八是负责搜集、统计、发布和管理政府采购信息工作；九是负责检查分析政府采购预算执行情况，保证年度政府采购任务的完成；十是负责完善政府采购法律法规体系。

（二）政府采购监督机关

政府采购监督机关主要包括政府部门、审计和监察机关。

1. 政府部门。其对政府采购监督的主要任务：一是政府各部门负责对所属单位的政府采购业务进行监督。二是政府有关部门对纳入政府采购范围并实施招标方式采购的工程项目采购活动进行监督。这种监督是专业性的，与财政部门的综合监督有所区别。按照国家规定，工业（含内贸）、水利、交通、铁道、民航、信息产业等行业和产业项目的招投标活动的监督，分别由经贸、水利、交通、铁道、民航、信息产业等行政主管部门负责；各类房屋建筑及其附属设施的建造，与其配套的线路、管道、设备的安装项目，市政工程的招投标活动的监督，由建设行政主管部门负责。

2. 审计机关。其主要任务包括事中和事后监督。一是事中监督。是指在政府采购业务执行中，参与部分环节采购活动，如参与评标活动以进行监督。二是事后监督。针对政府采购预算编制、资金使用情况及其相关活动的情况进行监督。这种监督是全方位的监督，主要是通过对政府各部门、采购人、集中采购机构参与政府采购活动的违法违纪行为进行处理，并提出完善措施的建议，发挥监督作用。

3. 监察机关。其主要任务包括事中和事后监督。一是事中监督。是指在政府采购活动中，参与部分环节采购活动，如通过参与评标活动进行监督。二是事后监督。通过对参与政府采购活动的国家机关、国家公务员和国家行政机关任命的其他人员的违法违纪行为进行处理进行监督。

（三）国库

国库是“国家金库”的简称，是负责办理政府预算资金的收纳、划分报解、保管、支拨和监督等工作的机构。国库是政府采购预算执行的重要环节，是政府采购预算管理的基础工作之一。国库作为政府采购预算执行的重要环节，在政府采购预算执行过程中，主要任务是根据相关制度规定，当政府采购项目验收完毕进入资金支付步骤时，依据财政部门作出的支付命令，进一步审查后，把采购资金通过相关账户直接支付给供应商。

（四）政府采购当事人

政府采购当事人包括采购人、采购代理机构和供应商。

1. 采购人。其主要任务包括：一是负责编制和执行单位和部门的政府采购计划；二是负责编制和执行单位和部门政府采购追加预算和计划；三是负责与政府采购代理机构签订委托代理协议；四是负责与政府采购代理机构一起执行采购方式；五是负责确认采购文件；六是负责签订采购合同；七是负责对供应商提供货物、工程及服务的验收工作；八是负责受理和答复供应商的质疑，配合政府采购监管机构处理投诉事宜；九是负责本部门、本单位以及配合监管部门开展年度政府采购预算执行的检查分析工作；十是负责政府采购执行分析的统计报告工作；十一是按时参加财政部门组织的相关培训活动等。

2. 供应商。其主要任务包括：一是通过参与政府采购方式执行活动，根据与采购人签订的合同要求，认真履行采购合同，按时提供符合要求的货物、工程和服务；二是在有关部门处理政府采购质疑和投诉时，相关供应商要做好配合调查和处理工作；三是通过依法提出合理有效的质疑和投诉，监督相关部门和单位认真执行政府采购规则。

3. 采购代理机构。由于采购代理机构的类型不同，其任务也不一样。

（1）社会中介代理机构。其主要任务包括：一是接受采购人的委托，在委托的事项范围内，按照政府采购规则以高效、优质的服务组织实施采购活动；二是配合采购人处理政府采购质疑事宜；三是配合政府采购监管机构处理投诉事宜；四是按时参加财政部门组织的相关培训活动；五是接受政府采购监管和监督机关的监督检查。

（2）集中采购代理机构。其主要任务包括：一是接受采购人的委托，在委托的事项范围内以高效、优质的服务，按照政府采购规定规则组织实施政府采购活动；二是配合采购人处理政府采购质疑事宜；三是配合政府采购监管机构处理投诉事宜；四是通过完善内部管理制度和健全内部管理机制，不断提高代理采购水平和质量；五是做好政府采购的统计分析报告工作；六是按时参加财政部门组织的相关培训活动；七是接受政府采购监管和监督机关的监督检查等。

二、政府采购资金专户

从目前世界各国政府采购模式的实践来看，并不是所有用于政府采购的资金都实行集中采购模式，目前我国的实践也是这样。为了保证政府采购资金的及时支付，政府采购监管机构有必要对政府采购资金的归集和支付进行管理。由于政府采购制度建设和改革在我国实施的时间不长，目前各地国库管理制度改革的进展情况不一，做法不一致，对政府采购资金的归集和支付进行管理没有一个统一的模式。但是，从我国国库管理制度改革的发展方向看，政府采购资金实行国库直接支付是大势所趋。政府采购业务与其他财政业务相比，具有特殊性，主要表现在有一部分政府采购业务是跨年度进行的，政府采购资金的支付并不是当年能够全部完成的，有些资金需要在下一年进行支付，因此，为保证政府采购业务的顺利开展，考虑到政府采购业务的实际情况，政府财政部门有必要设置“政府采购资金专户”，把当年没有进行支付的资金暂时存放在政府采购资金专户，根据政府采购项目的实际进展情况按时进行支付。

> **想一想：**
> 为什么要设置政府采购资金专户？

三、政府采购预算调整

政府采购预算是政府预算的重要组成部分，经同级人代会批准后，具有法律效力，一般不得随意调整。确因国家政策、财力供应和工作任务发生变化，需要调整政府采购预算时，应该按照法定程序进行报批。

在实际工作中，政府采购预算的调整包括单位采购预算的调整和财政采购预算的调整。单位采购预算的调整是经常发生的业务，主要是一些单位采购预算在年初编制时，由于种种原因，存在编制不太规范、不太准确的地方。在采购预算执行中需要调整时，或者是通过增加减少采购金额进行调整，或者是通过增加减少采购项目进行调整，由于上述调整既不影响单位预算平衡，也不影响政府财政预算的平衡，因此，不属于严格意义上的政府采购预算调整。

财政采购预算的调整一般包括以下两种情况：

一是财政采购预算的追加和追减。财政采购预算的追加追减，是指在年初财政采购预算的基础上，由于执行过程中国家政策、财力状况、地区工作计划发生变化时，造成财政采购预算金额的增加或者减少的调整活动。造成财政采购预算金额的增加叫追加；反之，叫追减。财政采购预算金额的增加，其资金来源包括上级专项拨款、地方财政收入超收、使用国债资金等。财政采购预算金额的减少，应相应压缩财政采购预算规模。因为财政采购预算的追加或追减会引起政府预算规模的增加或减少，按照《预算法》的规定，必须按照法定程序进行调整。

二是财政采购预算划转。财政采购预算划转是指在财政采购预算执行中，由于地区行政区划和预算单位隶属关系的改变，必须将其全部预算（包括政府采购预算）划归新的接管地区和部门。预算划转以后，各级政府预算的平衡状态继续保持。

第四节 政府采购预算执行分析

从目前我国政府采购预算的编制情况看，由于一些改革措施还不到位，科学编制政府采购预算的手段还很有限，加上预算单位加强政府采购预算管理的意识不是很强，造成政府采购预算的编制管理很不理想，主要表现在：一是编制范围小；二是编制内容不是很准确，结果是年初真正进入政府采购预算的资金量不是很大。从目前我国政府采购预算的执行情况看，由于在政府采购预算执行中出现年初预料不到的问题，结果是年底政府采购实际执行数要远远大于预算数，这样就大大制约了编制政府采购决算的意义和质量。因此，从目前我国政府采购实际业务工作内容情况来看，在年底政府编制政府决算的同时，不可能同步编制政府采购决算，主要工作内容和重点是对政府采购执行情况的检查和分析。

> **讨论一下：**
> 如何辩证看待目前我国政府采购预算的编制质量状况？

政府采购执行情况的检查分析应该包括两个方面的工作内容：一是政府采购预算执行中的检查分析；二是年终对政府采购全部业务执行情况的检查分析。

为更好地执行政府采购预算，充分发挥政府采购的职能作用，必须对政府采购预算的执行情况进行经常性的检查分析。在政府采购预算执行过程中，对政府采购预算执行检查分析的机构即政府采购监管部门、监督部门、有关执行主体通过各种形式和方法，对政府采购活动进行检查和分析。通过检查分析，及时掌握政府采购政策、法律的贯彻执行情况，研究政府采购预算执行中存在的问题，分析计划与实际存在的差距，总结经验，提出建议，采取措施，及时改进和指导政府采购预算执行工作，保证政府采购预算的有效执行。

一、准备工作

对政府采购预算执行情况进行检查分析，必须通过深入实际调查研究，在掌握和占有资料的基础上进行。

第一，深入实际，调查研究。通过深入实际，调查研究，及时、全面、准确地发现政府采购预算执行中存在的各种问题和主要矛盾，从而明确检查分析的目标和方向，做到有的放矢，事半功倍。

第二，掌握政府采购工作的规律。政府采购是实现财政支出计划管理的一种制度、方法，财政支出有一定的规律性，政府采购活动也具有一定的规律性。应该按照不同时期财政支出政策，结合当地的具体情况来掌握政府采购的规律性，从而确定不同时期检查分析的时机和重点，提高检查分析的工作效率和质量。

第三，搜集资料，熟悉情况。一是要做好历史资料的搜集与整理工作，特别注意同口径的数字整理，为检查分析打好基础；二是通过采购人的计划执行进度和会计报表，及时、直接地反映政府采购预算的执行情况；三是加强与有关部门的联系，掌握开展政府采购过程中存在的现实问题和发展趋势，及时分析出现问题的原因，把问题消灭在萌芽状态，使政府采购监督的关口前移。

二、内容

政府采购预算执行中的检查分析，应主要围绕下列内容展开：

（一）政府采购计划的完成情况

主要是检查分析政府采购是否按计划、程序正确、及时组织实施；政府采购目录、模式、方式的实施情况；追加预算是否经常发生及其原因；政府采购资金支付的执行情况，资金是否按规定及时到位和支付及其原因；政府采购文件的保存情况，等等。

（二）贯彻执行政府采购方针、政策和法制情况

政府采购预算是实现党和国家方针、政策所需财力的基本保证。同时，党和国家方针、政策对政府采购预算执行有重大影响，会引起财力分配上的变化。因此，在检查分析中，一方面，要检查分析政府采购活动是否贯彻落实了党和国家的各项政策措施；另一方面，要检查分析党和国家的各项政策措施的贯彻落实对政府采购预算执行的影响情况。这样，既可以使预算的执行更好地为党和国家方针政策的贯彻落实服务，又可以掌握方针政策措施对预算执行影响的深度和广度，以利于及时调整预算，组织新的平衡。同时，要检查政府采购各利益主体遵守法制情况，以及产生的原因分析，发现问题要及时纠正、处理，依法管理和监督。

（三）政府采购组织管理情况

主要是检查分析政府采购监管机关的监管质量；政府采购代理机构代理政府采购业务的工作质量和效率；采购人、采购代理机构、供应商和社会各界对政府采购工作的满意度；提出进一步改进工作的有效措施等。

三、形式

（一）定期检查分析

定期检查分析，是指在政府采购预算执行了一段时间（如月、季度、半年、全年）后的规定期限内，对预算执行情况进行的综合检查分析。通过定期检查分析，可以系统地、经常地了解政府采购预算执行的全过程，预测政府采购未来的变化趋势，找出规律性的东西，指导下一阶段的工作，是政府采购执行检查分析的基本形式。

（二）专题检查分析

专题检查分析，是指对政府采购预算执行中出现的或将要出现的一些重大突出问题

进行的检查分析。在预算分析中，凡是遇到这类情况，要组织力量，重点深入，专门调查研究，并提供专题调查报告，供政府和财政部门决策时参考，以便采取果断措施，及时解决问题，从而保证预算的顺利进行，是政府采购执行检查分析的辅助形式。

想一想：

政府采购预算、计划、执行方案有什么不同？

（三）典型调查分析

典型调查分析，是指对预算执行中发生的一些典型事例，运用“解剖麻雀”的办法进行检查分析，是政府采购执行检查分析的补充形式。

不论采用哪种检查分析形式，都要注意对信息资料进行综合、归纳、加工、整理，了解政府采购的动态发展，把握政府采购内在的发展规律。

四、方法

在目前编制政府采购决算实际意义不大的情况下，各级政府通过统计手段，对地区政府采购业务在报告年度内的全部执行情况进行总结分析是现实选择。通过对一年来采购模式、采购人、采购方式、采购对象、采购资金、采购预算级次、采购规模、采购市场分配、投诉处理、采购政策、采购专家库、采购合同、采购机构设置等方面内容的统计分析、总结经验和成绩、发现问题和不足，以不断提高计划年度政府采购管理的水平和质量。

具体方法是从以下三个方面进行对比分析：

1. 本期执行数与预算数对比。通过比较，可以分析政府采购预算任务的完成程度，明确下一步的工作任务。

2. 本期执行数与上期执行数对比。通过比较，可以分析政府采购工作的发展趋势和方向。

3. 行业之间、部门之间、单位之间相关数据的对比。通过比较，可以掌握政府采购的行业、类别、地区等方面特点，找出差距、改进工作。

政府采购统计样表具体如表 7－4 至表 7－14 所示。

表 7－4　政府采购资金和采购规模统计表　金额单位：万元

项目	行	采购预算				采购金额				节约资金				节约率%	财政直接支付
		总计	预算内	预算外	自筹	总计	预算内	预算外	自筹	总计	预算内	预算外	自筹		
		1	2	3	4	5	6	7	8	9	10	11	12	13	14
合计	1														
货物	2														
工程	3														
服务	4														

表 7-5　　**政府采购组织形式统计表**　　金额单位：万元

项目	行	采购次数	采购组织形式										
			集中采购								分散采购		
			总计	合计	集中采购机构采购			部门集中采购			合计	自行采购	委托采购
					小计	自行采购	委托采购	小计	自行采购	委托采购			
		1	2	3	4	5	6	7	8	9	10	11	12
合计	1												
货物	2												
工程	3												
服务	4												

表 7-6　　**政府采购市场分配情况及采购方式统计表**　　金额单位：万元

项目	行	政府采购合同授予情况						采购方式						
		国内外			省内外			合计	公开招标	邀请招标	竞争性谈判	询价	单一来源	其他
		合计	国内	进口	合计	省内	省外							
		1	2	3	4	5	6	7	8	9	10	11	12	13
合计	1													
货物	2													
工程	3													
服务	4													

表 7-7　　**政府采购主体分类统计表**　　金额单位：万元

项目	行	采购金额合计	按采购单位性质划分			按行业部门分类							
			国家机关	事业单位	团体组织	行政政法	教科文	经济建设	农业	社会保障	企业	金融	其他
		1	2	3	4	5	6	7	8	9	10	11	12
合计	1												
货物	2												
工程	3												
服务	4												

表 7-8　　**政府采购合同授予统计表**　　金额单位：万元

项目	行	政府采购合同授予情况					
		国内外			省内外		
		合计	国内	进口	合计	省内	省外
		1	2	3	4	5	6
合计	1						
货物	2						
工程	3						
服务	4						

表 7－9　　　　政府采购重要品目统计表　　　　金额单位：万元

采购项目	行	采购数量	采购金额	采购项目	行	采购数量	采购金额
		1	2	栏次		3	4
货物、工程、服务采购金额合计	1			B　工程类	1		
A　货物类	2			B01　建筑物	2		
A01　土地	3			B02　市政建设工程	3		
A02　建筑物	4			B03　环保、绿化工程	4		
A03　一般设备	5			其中：B0301 污水处理	5		
其中：A030201　计算机	6			B0303 园林绿化工程	6		
A0303　家具	7			B0305 天然林防护	7		
A04　办公消耗用品	8			B04　水利、防洪工程	8		
A05　建筑、装饰材料	9			B05　交通运输工程	9		
A06　物资	10			B06　油气工程	10		
其中：A0601 救灾物资	11			B07　电力工程	11		
A0602 防汛物资	12			B08　电信工程	12		
A0603 抗旱物资	13			B09　修缮、装饰工程	13		
A0604 农用物资	14			B10　系统集成、网络工程	14		
A0605 储备物资	15			B99　其他各类工程	15		
A0606 燃料	16			C　服务类	16		
A07　专用材料	17			C01　印刷、出版	17		
A08　成品软件	18			C02　专业咨询、工程监理、工程设计	18		
其中：A0801 操作系统	19			C03　信息技术、信息管理软件的开发设计	19		
A0802 数据库管理系统	20			C04　维修	20		
A0803 中间件软件	21			C05　保险	21		
A0804 办公软件	22			C06　租赁	22		
A0805 防病毒软件	23			C08　会议	23		
A0899 其他软件	24			C09　培训	24		
A10　专用设备	25			C10　物业管理	25		
其中：A1004 网络设备	26			C99　其他服务	26		
A1006　医疗设备、器械	27						
A1019　教学设备	28						
A1020　实验室设备	29						
A1021　广播电视、影像设备	30						
A1027　电梯和起重机	31						
A11　交通工具	32						
其中：A110101 轿车	33						
A110102 越野车	34						
A99　其他货物	35						

表 7－10　　政府采购专项统计表——节能

金额单位：万元

项　　目	行	节能、节水产品 采购金额	同类产品采购总金额	节能、节水产品采购比重%
		1	2	3
合　计	1			
一、节能产品类	2			
空调机	3			
冰箱	4			
荧光灯	5			
电视机	6			
计算机	7			
打印机	8			
二、节水产品类	9			
便器	10			
水龙头	11			

表 7－11　　政府采购供应商投诉处理统计表

项　　目		行	省级	地级	县级	总计
			1	2	3	4
收到投诉总量	合计	1				
	受理	2				
	转送有管辖权的部门	3				
	不予受理	4				
受理投诉总量（按处理情况分类）	小计	5				
	撤诉	6				
	驳回	7				
	进行处理	8				
受理投诉总量（按采购方式分类）	小计	9				
	公开招标	10				
	邀请招标	11				
	竞争性谈判	12				
	询价	13				
	单一资源	14				

续表

项目		行	省级	地级	县级	总计
			1	2	3	4
受理投诉总量（按行业领域分类）	小计	15				
	行政政法	16				
	教科文	17				
	经济建设	18				
	农业	19				
	社会保障	20				
	企业	21				
	金融	22				
	其他	23				
受理投诉总量（按被投诉人分类）	小计	24				
	采购人	25				
	招标代理机构	26				
	集中采购机构	27				

表 7－12　　政府采购专家库及信息发布统计表

项目		列	省级	地级	县级	合计
			1	2	3	4
专家库建设	已建立专家库数量	1				
	专家人数	2				
专家库使用	已抽取专家的项目数量	3				
	抽取专家次数	4				
	专家参评人数	5				
	合计	6				
信息公告	采购需求信息公告数量	7				
	中标、成交结果公告数量	8				
	政策法规公告数量	9				
	处理决定公告数量	10				

表 7－13　　政府采购当事人统计表

采购当事人				列	省级	地级	县级	地区合计
					1	2	3	4
采购管理机构	已设置数量			1				
	在编人数			2				
政府采购代理机构	机构数量合计			3				
	财政部颁发	审批（甲级）	机构数量	4				
			从事政府采购人员数量	5				
		确认	机构数量	6				
			从事政府采购人员数量	7				
	省级财政部门颁发	审批（乙级）	机构数量	8				
			从事政府采购人员数量	9				
		确认	机构数量	10				
			从事政府采购人员数量	11				
集中采购机构	已设置数量			12				
	其中：独立于财政设置			13				
采购人	合计			14				
	国家机关			15				
	事业单位			16				
	团体组织			17				
参与政府采购供应商	合计			18				
	中小企业			19				
	其他			20				

表 7－14　　政府采购机构设置统计表

地区	行	政府采购管理机构设置情况		集中采购机构设置情况						中介机构数量	本地区本年 GDP（万元）	本地区本年财政支出（万元）
		其中：独立设置		已设立数量					未设立数量			
				小计	独立设置	设在财政部门						
						小计	管采分设	管采一家				
		1	2	3	4	5	6	7	8	9	10	11
本地区合计	1											
省级	2											
地（市）	3											
县（区）	4											

小资料

用数字解读我国政府采购成效

我国节能节水、环保类产品政府采购金额占同类产品采购金额的比重均突破60%。

从“中国政府采购高峰论坛2009”上了解到，2008年全国节能、节水产品政府采购金额131.9亿元，比2007年增长21.9%，占同类产品采购金额的64%；环保产品采购金额171.2亿元，占同类产品采购金额的69%。目前，政府采购的节能产品已有34类1.8万种产品，环境标志产品已有21类8000多种产品。在汽车、计算机及应用设备、通信产品等领域，政府采购支持国内产品的力度不断加大。

我国政府采购自1996年试点以来取得了巨大成效：全国政府采购规模从1998年的31亿元增加到2008年的5990亿元，年平均增长56.8%，累计节约财政资金近3000亿元。政府采购已由单纯的货物类采购扩大到工程类和服务类采购。其中，民生项目成为政府采购规模扩大的重要增长点。

在政府采购规范化程度方面，2008年，通过公开招标方式进行的政府采购规模为4289亿元，占采购总规模的71.6%，比2007年提高1.5个百分点；通过集中采购机构实施的政府采购规模为4050亿元，占采购总规模的67.6%，比2007年提高2.6个百分点，集中采购的主导地位得到继续保持。

在政府采购基础工作方面，专家库建设不断完善，2008年，中央和省、市、县财政部门已建立专家库1400多个，专家人数近19万人；通过专家库抽取评审专家的项目共12万多个，比2007年增加近4万个。政府采购信息公开化程度明显提高，2008年，仅在财政部指定媒体上公告的政府采购信息就达到了近35万条，比2007年增加了15万多条。

在政府采购国际化进程方面，我国先后建立和参与了中欧、中美双边及一些多边政府采购交流与对话机制，与澳大利亚、新西兰和韩国在自贸区框架下开展政府采购谈判，目前，我国GPA谈判已进入了实质性阶段。

（资料来源：依据中国政府采购网整理。）

思考题

1. 简述政府采购预算的编制原则。
2. 简述政府采购预算的编制程序。
3. 我国政府预算的编制内容是什么？

案例分析

某区政府采购中心受区青少年宫委托，利用竞争性谈判的方式对其所需修缮工程进行采购。该工程审批预算为90万元，在谈判正式开始前，采购中心将其口头告知了评审专家。但预算并未写入谈判文件和专家评标依据中，谈判文件中也未规定超出预算按废标处理。

经过第一轮谈判后，四家供应商的最终报价均超过了项目预算，最接近预算的报价为92万元。采购中心认为，根据《政府采购法》，如果投标人报价超过了采购预算，应该由专家写出废标建议，按废标处理；专家认为，此次采购过程公开、公平、公正，推荐的供应商报价接近预算，采购人有能力自行支付。专家在整个评审过程中只负责技术方案的评审，不参与操作流程，专家评审只依据谈判文件执行，谈判文件中并未指明超预算就要废标，因此拒绝写废标建议。采购人虽有能力自行支付超预算部分，但却不知道如此操作是否合法。一时间，评审陷入了僵局，本该上午就结束的评审一度中断了几个小时……

案例思考：本次谈判活动该不该废标？为什么？废标报告应该由谁来写？依据是什么？政府采购预算该不该公开？为什么？

第八章
政府采购质疑和投诉

学习目标

- □ 了解质疑投诉程序
- □ 了解政府采购询问
- □ 了解政府采购质疑
- □ 了解政府采购投诉
- □ 掌握政府采购后续救济

第一节 质疑投诉程序

供应商质疑和投诉是政府采购法律法规的重要内容之一。政府采购法律法规分别对供应商就有关政府采购事项进行询问、质疑、投诉的范围、内容、方式、途径和时限等内容，采购人或者采购代理机构以及政府采购监督管理部门进行答复的原则、范围、内容、方式和时限，以及不服投诉处理决定的救济途径等问题，都作了明确规定。为了叙述方便，把上述相关规定的内容统称为"质疑投诉"。

质疑投诉权利的行使，必须依照法律规定程序进行，上一环节的权利未行使，不得行使下一环节的权利。询问权利的行使则不受具体环节和步骤先后顺序的限制，可以随时行使。质疑以后环节和步骤权利的行使必须执行上述规定。质疑投诉的具体程序和步骤安排如下：

一、询问

按照政府采购法规定，供应商对政府采购活动事项有疑问的，可以向采购人或者采购代理机构提出询问，采购人和采购代理机构应当及时作出答复，但答复的内容不得涉及采购项目和供应商的商业秘密。

二、质疑

供应商认为采购事项和采购文件、采购过程及中标、成交结果使自己的权益受到损害的，可以在知道或者应知其权益受到损害之日起7个工作日内，以书面形式向采购人提出质疑。

采购人应当在收到供应商的书面质疑后7个工作日内作出答复，并以书面形式通知质疑供应商和其他有关供应商，但答复的内容不得涉及商业秘密。如果采购人委托采购代理机构采购的，供应商可以向采购代理机构提出询问或者质疑，采购代理机构应当依照法律规定就采购人委托授权范围内的事项作出答复。

三、投诉

按照政府采购法规定，质疑供应商对采购人、采购代理机构的答复不满意或者采购人、采购代理机构未在规定的时间内作出答复的，可以在答复期满后15个工作日内向同级政府采购监督管理部门投诉。所谓答复期满，是指采购人、采购代理机构收到供应商书面质疑后的7个工作日已经到期，采购人、采购代理机构仍然没有作出答复。

政府采购监督管理部门应当在收到投诉后30个工作日内，对投诉事项作出处理决定，并以书面形式通知投诉人和与投诉事项有关的当事人。政府采购监督管理部门在处理投诉事项期间，可以视具体情况书面通知采购人暂停采购活动，但暂停时间最长不得超过30日。

四、后续救济

后续救济包括行政复议和行政诉讼。按照政府采购法规定，投诉人对政府采购监督管理部门的投诉处理决定不服或者政府采购监督管理部门逾期未作处理的，可以依法申请行政复议或者向人民法院提起行政诉讼。

第二节 政府采购询问

在政府采购活动中，采购人发布的采购信息内容庞杂。有的比较简单，十分容易理解，有的可能不够清晰，可能会存在误解；在采购实施过程中，有时可能会存在采购人的一些做法不够透明，使供应商难以理解；当中标、成交有了结果之后，可能由于多方面因素的影响，导致参加政府采购的供应商不能及时了解整个有关政府采购的信息和情况。站在维护政府采购秩序，促进公平竞争的高度，从维护供应商合法权益的角度出发，赋予供应商询问权就显得十分必要。

一、询问的提出

询问的提出必须具备一定的条件，具体包括询问主体、询问对象、询问形式和询问内容等四个方面。

（一）询问主体

政府采购法并没有对询问供应商的范围作出明确规定，所以，应该是所有供应商都可以享有对政府采购活动事项进行询问的权利。只要供应商对政府采购活动事项有疑问就可以不受约束地提出疑问。

（二）询问对象

询问对象包括采购人和采购代理机构。一是供应商对政府采购活动有疑问的，可以向采购人提出疑问。在没有委托的情况下，询问对象为采购人，而不是代理机构。二是采购人委托采购代理机构采购的，供应商可以向采购代理机构提出询问。询问事项超出采购人委托事项范围的，采购代理机构应当及时告知供应商向采购人提出。

> **讨论一下：**
> 政府采购询问的时间和内容是否应当有所限制？

采购代理机构一旦接受采购人的委托办理采购事宜，就开始以采购人名义对外从事采购活动，并与供应商直接打交道。在这种情况下，供应商就可以直接向采购代理机构提出询问。

（三）询问形式

询问的形式包括书面的形式、口头的形式和其他形式。具体采用何种形式询问，取决于所采用询问方式的特点以及供应商对信息需要的快捷程度。

（四）询问内容

政府采购供应商依法享有对政府采购活动事项进行询问的权利。从政府采购相关法律制度的立法精神可以看出，供应商可以询问的内容包括政府采购活动的所有方面。

二、询问答复

对询问的答复也必须符合法律法规的规定，具体包括询问的答复主体、答复时限、答复权限和答复方式等四个方面。

（一）答复主体

答复主体包括采购人和采购代理机构。一是供应商对政府采购活动有疑问向采购人提出询问后，采购人应当及时作出答复。如果询问内容超过供应商自身的内容，或者涉及采购项目和其他供应商的商业秘密，采购人有权不予答复。二是采购人委托采购代理机构采购的，供应商向采购代理机构提出询问后，采购代理机构应当依照法律规定就采购人委托授权范围内的事项作出答复。询问事项超出采购人委托事项范围的，采购代理机构应当及时告知供应商向采购人提出。

（二）答复时限

按照法律法规规定，采购人、采购代理机构对供应商的询问，应当在 3 个工作日内给予答复。

（三）答复权限

采购代理机构对供应商提出的询问，必须就采购人委托授权范围内的事项作出答复，至于采购人委托授权范围以外的事项，仍然应当由采购人负责答复。

（四）答复方式

供应商对政府采购活动事项提出询问应采用何种答复方式，法律也没有作出明确的规定，但从政府采购法的立法精神角度思考，可以认为，采购人和采购代理机构应当采用有利于供应商消除疑问的答复方式，就是针对具体的询问形式，可以是口头的、书面的，也可以是其他有利于供应商消除疑问的方式。

第三节 政府采购质疑

供应商按照政府采购法律法规对政府采购活动事项可以提出质疑，是体现供应商知情权和监督权的一项重要规定。为了充分保障供应商正确行使这项权利，同时也防止供应商不适当地使用质疑的权利，政府采购法律法规必须对供应商提出质疑的条件和质疑的答复作出明确的规定。

一、质疑的提出

质疑的提出即质疑的条件，包括质疑主体、质疑对象、质疑范围、质疑证据、质疑时限和质疑形式等六个方面。

（一）质疑主体

质疑主体必须是直接参加所质疑的政府采购项目采购活动的供应商。否则，不具备质疑的主体条件。

（二）质疑对象

质疑对象包括采购人和采购代理机构。一是供应商认为法律规定事项使自己的权益受到损害的，可以在知道或者应知其权益受到损害之日起7个工作日内，以书面形式向采购人提出质疑，采购人应当及时作出答复。如果质疑超过供应商自身的内容，或者涉及其他供应商的商业秘密，采购人有权不予答复。二是采购人委托采购代理机构采购的，供应商可以向采购代理机构提出质疑，采购代理机构应当依照法律规定就采购人委托授权范围内的事项作出答复。质疑事项超出采购人委托事项范围的，采购代理机构应当及时告知供应商向采购人提出。

采购代理机构一旦接受采购人的委托办理采购事宜，就开始以采购人名义对外从事采购活动，并与供应商直接打交道。在这种情况下，供应商就可以直接向采购代理机构提出质疑。采购代理机构在收到供应商的质疑后，应当及时作出答复，但答复的内容不得涉及商业秘密。

（三）质疑范围

供应商认为下列事项使自己权益受到损害的，可以依法向采购人或采购代理机构提出书面质疑：

1. 采购文件存在限制性、倾向性条款的。

2. 采购文件未按规定程序补充、澄清或修改的。

> **想一想：**
> 采购文件的限制性、倾向性条款一般有哪些？

3. 采购人员或相关人员与供应商有利害关系，应当回避而没有回避的。

4. 采购程序违反规定的。

5. 采购当事人之间存在串通行为的。

6. 其他供应商提供虚假资料中标、成交的。

7. 认为采购文件、采购过程和中标、成交结果使自己权益受到损害的其他事项。采购文件是指采购项目公告、招标文件、资格预审文件、竞争性谈判文件、询价文件，以及采购文件的补充、变更和澄清文件。采购过程是指从采购项目信息公告发布起，到中标、成交结果公告止，即采购文件的发布、发售、开标、评标、澄清、谈判、询价等各个程序环节。中标、成交结果是指在评审委员会评定推荐的候选中标、成交供应商基础上，经采购人最终确定并在法定媒体进行公告的中标、成交结果。

上述这些事项所对应的任何一项活动对供应商而言都至关重要，直接关系到供应商的切身利益，在政府采购活动中受到相关供应商的高度重视。

（四）质疑证据

供应商提出质疑应当有相应的证据，即应当有具体的质疑事项及证明其利益受到损害的事实根据，不得进行虚假、恶意的质疑。也就是说，供应商如果没有上述质疑范围内的事项使自己的权益受到损害的事实和理由，就不具有提出质疑的证据。

质疑证据一般具备以下三个特征：一是质疑证据的客观性。即质疑证据是客观存在的事实，不以人的意志为转移。二是关联性。即质疑证据应当与政府采购当事人互为关联，或者说具有一定的因果关系。三是法律性。质疑证据是否具备法律效力，是否符合法律规范的要求。证据形式主要有书证、物证、视听材料、证人证言、当事人陈述、鉴定结论和勘验笔录等。

采购人和采购代理机构可以不受理没有证据的质疑。供应商不能滥用权力，影响正常的政府采购进程。

（五）质疑时限

供应商应当在知道或者应当知道其权益受到侵害之日起 7 个工作日内，向采购人和采购代理机构提出质疑。这是供应商权利行使的具体时效，超过法律规定的时间，将会影响质疑答复工作，实际上也意味着供应商提出质疑的权利的丧失。

从采购活动的实际情况看，具体质疑期限应当依照下列规定办理：一是对采购文件提出质疑的，自供应商获得采购文件之日起计算，且应当在投标截止之日或递交谈判、询价响应性文件截止之日前提出。二是对采购过程提出质疑的，自采购程序环节结束之日起计算。三是对中标、成交结果以及评标委员会、谈判小组、询价小组组成人员提出质疑的，自中标、成交结果公告之日起计算。

（六）质疑形式

供应商提出质疑，必须采取书面形式，实行实名制，这也是供应商对采购人进行质疑可以选择的唯一形式。如果供应商提出质疑的形式符合法律规定，采购人不得拒绝答复供应商依法提出的质疑。

二、质疑答复

对质疑的答复必须符合法律法规的有关规定，包括答复主体、答复时间、答复形式、答复内容和答复处理等五个方面。

（一）答复主体

质疑答复主体包括采购人和采购代理机构。一是供应商认为规定事项使自己的权益受到损害向采购人提出质疑后，采购人在没有委托的情况下，应当及时作出答复。二是采购人委托采购代理机构采购的，供应商向采购代理机构提出质疑后，采购代理机构应当依照法律规定就采购人委托授权范围内的事项作出质疑答复。质疑事项超出采购人委托事项范围的，采购代理机构应当及时告知供应商向采购人提出。

（二）答复时间

按照法律法规规定，对于供应商提出的符合法律法规规定的质疑，采购人和采购代理机构应当在收到供应商的书面质疑后7个工作日内作出答复。

采购人收到供应商提出的书面质疑后，如果对供应商的质疑采取漠视的态度，根本不予理会；或者在行为上拖拖拉拉，不及时进行研究并作出相应答复；或者敷衍了事，搪塞提出质疑的供应商。这些行为不仅会延缓问题的解决，甚至可能激化矛盾，引发不必要的纠纷，并最终影响采购活动的顺利进行。

采购人面对的供应商较多，可能是某一供应商提出质疑，也可能是同时存在数个的供应商提出质疑；同时，供应商提出质疑的事项可能比较复杂，在供应商提出质疑后，采购人需要一定的时限进行研究，提出答复意见。但是，采购人研究答复的时间也不宜过长，如果采购人研究答复时间过长势必影响采购工作的进程。

（三）答复形式

> **讨论一下：**
>
> 为什么要限定政府采购质疑答复的内容？

按照法律规定，采购人和采购代理机构应当以书面形式作出质疑答复，并通知质疑供应商和其他有关供应商。

及时对供应商提出的质疑作出答复，是采购人应尽的义务。采购人只有形成正式的书面答复意见，才能表明已经履行了法定义务。采用书面形式之外的其他答复形式都不符合法律规定，其答复不具有法律效力，也不能解除采用书面形式答复的义务。

同时，由于在一项政府采购活动中有多个供应商参加，采购人对质疑供应商所提质疑事项作出的答复，很可能既关系到质疑供应商，也涉及参加这一采购活动的其他供应商。因此，采购人的书面质疑答复，不仅应当通知质疑供应商，也要通知其他有关供应商。

（四）答复内容

采购人和采购代理机构在其作出的书面质疑答复中，内容不得涉及商业秘密。

政府采购行为本质上讲是一种具体的商业交易行为，在具体交易行为中，不可避免地存在着采购人和供应商的一些商业秘密。如果采购人和采购代理机构将商业秘密予以公布，或通过质疑答复的形式泄露给其他供应商，就会产生较为严重的不良后果，这本身也是一种违法行为。因此，政府采购法明确要求在对供应商质疑进行答复时不得涉及商业秘密。

（五）答复处理

采购人或采购代理机构如果认为质疑事项成立的，按下列情况分别处理：

1. 供应商认为采购文件存在限制性、倾向性条款，或者是采购文件未按规定程序补充、澄清或修改提出质疑的，采购人或采购代理机构应当及时依法予以纠正，并公告或书面通知所有参加采购活动的供应商。

2. 供应商认为采购人员或相关人员与其他供应商有利害关系，应当回避而没有回避的；采购程序违反规定的；采购当事人之间存在串通行为的；其他供应商提供虚假资料谋取中标、成交而提出质疑的，采购人或采购代理机构应当认定采购过程或采购结果无效，重新组织采购活动，并报同级财政部门备案。

3. 供应商对采购文件、采购过程和中标、成交结果提出质疑的，应当根据具体情况和是否影响或可能影响中标、成交结果，参照前两条规定予以处理。

第四节 政府采购投诉

我国政府采购法律法规对供应商提出投诉的有关问题由政府采购监督管理部门负责作出了详细规定。

一、投诉提出

根据财政部18号令《政府采购供应商投诉处理办法》规定，投诉人提起投诉应当符合投诉主体、质疑在先、投诉内容、投诉时限、投诉体制、投诉次数和其他规定等七项条件。

（一）投诉主体

提起政府采购投诉的供应商应该是参与所投诉政府采购活动的供应商，而不是泛指所有参加政府采购的供应商。质疑供应商可以向同级政府采购监督管理部门提出投诉。

投诉人可以委托代理人办理投诉事务。代理人办理投诉事务时，除提交投诉书外，还应当向同级财政部门提交投诉人的授权委托书，授权委托书应当载明委托代理的具体权限和事项。

投诉与检举、控告具有明显的区别。检举是指机构和个人对于违法失职的国家机关和工作人员的违法失职行为，向有关机关揭发事实请求依法处理的行为。控告是指机构和个人向司法机关揭露违法犯罪事实或犯罪嫌疑人，要求依法予以惩处的行为。检举和控告是任何主体均可以依法行使的、对包括政府采购活动在内的社会活动的监督权利。投诉仅指当事人所为，在政府采购活动中仅指参与所投诉政府采购活动的供应商。

（二）质疑在先

提起投诉前必须已经依法进行过质疑。包括以下含义：一是提起投诉的供应商必须是原提出质疑的供应商；二是质疑供应商对质疑事项答复不满意或者未在规定的时间作出答复；三是质疑供应商进行投诉的事件必须是原质疑事件。

（三）投诉内容

供应商投诉的事项仅限于事先提出质疑的事项范围内。投诉时通过提交投诉书的形式书面提出。

投诉书是投诉人表达其投诉内容、基本观点、立场的载体。投诉人投诉时，应当提交投诉书，并按照被投诉人和与投诉事项有关的供应商数量提供投诉书的副本。投诉书应当包括下列主要内容：一是投诉人和被投诉人的名称、地址、电话等；二是具体的投诉事项及事实依据；三是质疑和质疑答复情况及相关证明材料；四是提起投诉的日期。投诉书应当署名。投诉人为自然人的，应当由本人签字；投诉人为法人或者其他组织的，应当由法定代表人或者主要负责人签字并加盖公章。

政府采购投诉书的一般格式如下：

投 诉 书

投诉人：
地址：　　　　　　　　　　电话：　　　　邮编：
电子邮箱：　　　　　　　　　　　　　　　传真：
被投诉人：
地址：　　　　　　　　　　电话：　　　　邮编：
电子邮箱：　　　　　　　　　　　　　　　传真：

我公司参加被投诉人组织的“××项目（招标文件编号：××）”的采购活动，我们认为该项目的采购人在采购活动的组织过程中，严重违反了《中华人民共和国政府采购法》的有关规定，其主要问题有：

1.　　　　　　　　　　；
2.　　　　　　　　　　；
……　　　　　　　　　　。

以上问题违反了《中华人民共和国政府采购法》的第××条之规定，即：“××”和《政府采购货物和服务招标投标管理办法》第××条之规定，即：“××”。因此我公司认为，由于采购人违法操作，使我公司的权益受到了严重侵害，我公司已于××年

××月××日向采购人提出了质疑，但其答复我们不满意（或者采购人未在法定期限内作出答复），特此投诉。

附：质疑材料相关复印件。

法定代表人：　　　（盖公司章）
××年××月××日

（四）投诉时限

供应商必须在投诉有效期限内提起投诉。即质疑供应商的投诉应当在采购人、采购代理机构对质疑答复期满后15个工作日内提出。具体包括以下含义：

一是考虑到投诉事项的复杂性。供应商提出投诉的事项，一般来说是对其权益有较为严重影响的事项。由于进入投诉程序后，其处理时间一般较之质疑处理要长，因此，供应商在提出投诉之前也需要权衡。为此，法律规定提出投诉的时间为答复期满后15个工作日。

想一想：

政府采购投诉处理的管辖权是如何规定的？

二是答复期满后15个工作日内是一个法律时效问题。供应商进行投诉的法律时效期为答复期满后15个工作日内，也就是说供应商如果要进行投诉必须在质疑答复期满后的15个工作日内提出，如果超出规定的期限，其投诉权就将依法丧失。

（五）投诉体制

我国政府采购管理体制受制于财政预算管理体制，实行统一政策，分级管理，即同级政府采购活动产生的投诉事宜由同级财政部门管辖。因此，投诉供应商只能向采购人或者采购代理机构的同级政府采购监督管理部门投诉，不可能也不允许越级或者降级投诉，也不可以向其他部门投诉，否则，均不会被受理。

按照政府采购法律法规规定，财政部负责中央预算项目政府采购活动中的供应商投诉事宜。县级以上地方各级人民政府财政部门负责本级预算项目政府采购活动中的供应商投诉事宜。

县级以上各级人民政府财政部门负责依法受理和处理本级预算项目政府采购活动中供应商的投诉事宜，并接受上一级人民政府财政部门的监督和指导。投诉项目属于中央预算和地方预算共同安排的采购项目，由主管采购人预算的人民政府财政部门负责处理。

（六）不能重复投诉

即同一投诉事项未经财政部门投诉处理。由于政府采购投诉体制采用先质疑后投诉的规定，而在质疑阶段提出质疑的供应商可能不是某一供应商，而可能是多个供应商就同一事项提出质疑。采购人、采购代理机构就同一质疑事项在法定的答复期内未作答复，或者其答复同时不能令多个供应商满意，在这种情况下，同时提出质疑的供应商有可能均提起投诉，这样就产生了同一投诉事项未经财政部门投诉处理的情况。因为每一供应商都具有提起投诉的权利，作为财政部门必须尊重每一供应商的法定投诉权。

基于投诉提起的原因，投诉供应商提起投诉只能也只会一次，如果首次投诉没有解决问题，再提起投诉意义也就不大，同时不符合法律规定。

二、投诉受理

财政部门收到投诉书后，应当在5个工作日内进行审查，符合规定条件的，予以受理，即对符合投诉条件的投诉，自财政部门收到投诉书之日起即为受理。不符合规定条件的，不予受理。对不符合投诉条件的，分别按下列规定予以处理：

1. 投诉书内容不符合规定的，告知投诉人修改后重新投诉。即投诉书材料不齐全或者表述不清楚的，财政部门可以自收到投诉书之日起5个工作日内书面通知投诉人补正。补正通知应当载明需要补正的事项和合理的补正期限。无正当理由逾期不补正的，视为投诉人放弃投诉申请。补正投诉材料所用时间不计入投诉处理期限。

2. 投诉不属于本部门管辖的，转送有管辖权的部门，并通知投诉人。即不属于本财政部门管辖或应由其他行政管理部门先行查处的，告知投诉人转送有管辖权的部门。

3. 投诉不符合其他条件的，书面告知投诉人不予受理，并应当说明理由。如投诉人不是参加投诉项目政府采购活动的当事人；被投诉事项未经过质疑；所投诉事项超过投诉有效期；应当认定为无效投诉，不予受理，并及时书面告知投诉人不予受理的理由。

政府采购投诉受理书的一般格式如下：

编号：××

××财政局政府采购投诉受理书

××公司：

贵公司关于“××采购项目（招标编号××）”的投诉及与投诉有关的证明材料，我们已于××年×月×日收悉。

根据《中华人民共和国政府采购法》和《政府采购供应商投诉处理办法》规定，经审查，贵公司的投诉符合政府采购投诉的规定和程序，我们代表政府采购监督管理部门现已正式受理，并自受理投诉之日起30个工作日内，根据调查情况对投诉事项作出处理决定，并以书面形式通知与投诉有关的当事人。

（政府采购监督管理部门印章）

××年×月×日

政府采购投诉不予受理书的一般格式如下：

编号：××

××财政局政府采购投诉不予受理书

××公司：

贵公司关于“××采购项目（招标编号××）”的投诉及与投诉有关的证明材料，我们已于××年×月×日收悉。

根据《中华人民共和国政府采购法》和《政府采购供应商投诉处理办法》的规定，经审查，贵公司的投诉不符合政府采购投诉的规定条件和程序，主要为：

1. ；

2. ；

…… 。

为此，我们不予受理（或现驳回投诉）。

贵公司对该决定不服的，可以依法申请行政复议或者向人民法院提起行政诉讼。

（政府采购监督管理部门印章）

××年×月×日

三、投诉处理

政府采购监督管理部门在处理投诉过程中，还可能会遇到各种复杂情况，有的投诉事项涉及的问题可能非常重大，如果研究处理时间过短，则不利于问题的慎重解决；如果处理的时间过长，也不利于政府采购活动的正常进行和供应商权益的保护。政府采购监督管理部门收到供应商的投诉后，需要组织人员对投诉事项的有关情况，进行深入细致的调查、取证、审查和核实，充分听取投诉人和其他有关方面的意见，查明事实真相，公正对待所有当事人，不能对采购人、采购代理机构有所偏向，也不能偏向供应商。应当建立规范的投诉处理工作程序，要注意集中研究决定，遇到重大事项时，应当组织有关方面的专家研究，确保决定准确无误。在此基础上，依法作出处理规定。

（一）处理原则

财政部门处理投诉，应当坚持公平、公正和简便、高效的原则，维护国家利益和社会公共利益。

（二）时间和形式

1. 财政部门受理投诉后，应当在3个工作日内向被投诉人和与投诉事项有关的供应商发送投诉书副本。

2. 被投诉人应当自收到投诉书副本之日起5个工作日内，以书面形式向财政部门作出说明，并提交相关证据、依据和其他有关材料。被投诉人未提供说明材料的，视同认可投诉事项。

3. 财政部门处理投诉事项采取书面审查的办法。财政部门认为有必要时，可以进行调查取证，组织投诉人和被投诉人当面进行质证。

4. 财政部门依法进行调查时，投诉人、被投诉人以及与投诉事项有关的单位或人员等应当如实反映情况，并提供相关材料。

5. 投诉事项涉及或可能涉及犯罪行为重大线索的，财政部门应当按照有关规定移送司法机关处理，并将移交情况和移交文件书面告知投诉人。

（三）调查取证

财政部门在受理投诉后，应当及时地进行调查并依法作出处理决定。财政部门进行调查取证的方式有以下几种：

1. 书面调查。财政部门对投诉事项的调查原则上采取书面调查的方式。书面调查是财政部门以书面形式通知被投诉人和与投诉事项相关的供应商进行沟通，以获取调查证据，对投诉事项作出处理的方法。采用书面调查方式对投诉案件进行调查是财政部门依法对投诉事项作出处理决定的首选方法。这种方法的最大优点是简单快捷。考虑到政府采购的效率和政府采购目的的实现，明确规定处理投诉事项原则上应采用书面调查的方式。但是，这种方法也有明显的不足，即调查证据的法律效力有时会受到质疑，使投诉案件不能得到最终处理。

2. 直接调查。财政部门直接组织调查是指由财政部门直接抽调相关人员进行投诉事项的调查取证的调查方式。利用书面调查方式获取的证据材料是第二手材料，其对投诉事项作出处理的充分性有时可能显得不足，利用这些证据材料还不足以或者无法直接对投诉事项作出处理。为此，政府采购监督管理部门认为有必要时，可以进行调查取证。需要说明的是，财政部门直接调查并不是一种独立的调查方法，而是以书面调查为基础，对书面调查取得的证据进一步完善，以提高处理投诉事件的科学性和公正性。如果书面调查所获得的证据足以对投诉事项作出最终处理，就无需再由财政部门直接组织调查活动。

3. 当事人质证。质证是指在投诉事项的调查过程中，投诉人与被投诉人双方当事人通过采用质疑、辩驳、对质、辩论以及其他方法证明证据效力的活动。质证是一方当事人就另一方所提证据的合理性提出质疑，否定其存在，另一方则据实予以反驳的证据制度。在政府采购投诉事件调查阶段，通过投诉人与被投诉人相互质证，以进一步确认证据的法律效力。质证是在投诉人与被投诉人之间相互进行，质证活动的内容应当以审核证据为中心，紧紧围绕当事人投诉事项所涉及的法律事实进行，以便达到审核证据、正确处理投诉事件的目的。因此，在质证时要注意：在书面调查和直接调查的证据不足以使投诉事项得以公正处理的条件下才进行；质证过程必须由财政部门组织才有利于投诉事项的公正处理；财政部门直接调查和组织当事人质证，是两个并行程序，并不存在先后顺序，是紧随书面调查之后的可能程序。

需要说明的是，对财政部门依法进行的调查取证，包括书面调查、直接调查和质证，投诉人、被投诉人以及与投诉事项有关的单位及人员等应当如实反映情况，并提供财政部门所需要的相关材料。如果投诉人拒绝配合财政部门依法进行调查的，按自动撤回投诉处理；被投诉人不提交相关证据、依据和其他有关材料的，视同放弃说明权利，认可投诉事项。投诉人、被投诉人以及与投诉有关的单位和个人不如实地提供相关材料，或者提供虚假材料的应承担相应的法律责任。

（四）驳回投诉

财政部门受理投诉后，投诉人申请撤回投诉的，财政部门应终止投诉程序，但财政部门发现存在重大违法情形的除外。有下列情形之一的，驳回投诉：一是受理投诉后，发现投诉申请不符合政府采购法律法规规定的受理条件的；二是质疑答复认定事实清楚，适用依据准确的；三是投诉事项属于国家保密范围或属于采购过程中未对外公开的内容，投诉人不能说明正当信息来源或提供有效证据的。

（五）处理方式

财政部门经审查，认定采购文件、采购过程违反政府采购法律法规相关规定，影响或可能影响中标、成交结果的，应当按下列情形分别处理：

1. 未确定中标、成交供应商的，应当认定采购行为违法，责令按照规定程序重新开展采购活动。

2. 中标、成交供应商已经确定但尚未签订政府采购合同，或政府采购合同已经签订但尚未履行的，应当决定中标、成交结果无效或撤销合同，责令按照规定程序重新开展采购活动，给采购人、投诉人造成损失的，由相关责任人承担赔偿责任。

3. 政府采购合同已经履行的，决定采购活动违法，给采购人、投诉人造成损失的，由相关责任人承担赔偿责任。

（六）处理时限

财政部门应当自受理投诉之日起30个工作日内，对投诉事项作出处理决定，并以书面形式通知投诉人、被投诉人及其他与投诉处理结果有利害关系的政府采购当事人。

投诉处理决定书的一般格式如下：

编号：

××财政局政府采购投诉处理决定书

××公司：

贵公司关于“××采购项目（招标编号××）”的投诉及与投诉有关的证明材料，我们已于××年××月××日收悉。

根据《中华人民共和国政府采购法》和《政府采购供应商投诉处理办法》的规定，经调查、审核，贵公司的投诉是符合政府采购投诉规定的，理由是充分的，该“××采购项目（招标编号××）”的活动组织，有严重违反政府采购法规的有关规定的行为，主要为：

1. ；

2. ；

…… 。

依据《中华人民共和国政府采购法》第 条的规定，我们现作出如下处理决定：

1. ；

2. ；

…… 。

贵公司对该处理决定不服的，可以依法申请行政复议或者向人民法院提起行政诉讼。

政府采购监督管理部门印章

××年××月××日

抄报：（同级政府法制办）

抄送：（采购人、代理机构、所有参与该项目投标的供应商）

（七）活动暂停

财政部门在处理投诉事项期间，可以视具体情况书面通知被投诉人暂停采购活动，但暂停时间最长不得超过 30 日。投诉事项处理期间，有下列情形之一的，财政部门可以书面通知采购人暂停采购活动：一是采购人或采购代理机构认为需要暂停的；二是暂停采购活动有利于投诉事项处理的；三是投诉人申请暂停采购活动，财政部门认为其请求合理，决定暂停采购活动的。被投诉人收到通知后应当立即暂停采购活动，在法定的暂停期限结束前或者财政部门发出恢复采购活动通知前，不得进行该项采购活动。

供应商提出投诉，有充足的理由和证据，如果再继续采购活动，就可能因投诉事项使其供应商或采购人权益受到很大损害。在这种情况下，实行采购活动暂停制度显得很有必要。但是，采购活动必须讲求效率，不能无限期停止。因此，法律规定政府采购监督管理部门可以根据具体情况暂停采购活动的同时，明确规定了暂停采购活动的最长期限。

（八）法律责任

> **想一想：**
> 如果采购项目内容较多，在处理投诉期间暂停采购活动应该如何操作？

1. 财政部门在处理投诉过程中，发现被投诉人及其工作人员、评标委员会成员、供应商有违法行为，有权处理、处罚的，应当依法予以处理、处罚；无权处理的，应当转送有权处理的机关依法处理。

2. 投诉人有下列情形之一的，属于虚假、恶意投诉，财政部门应当驳回投诉，将其列入不良行为记录名单，并依法予以处罚：一是一年内三次以上投诉均查无实据的；二是捏造事实或者提供虚假投诉材料的。

3. 被投诉人的违法行为给他人造成损失的，应当依照有关民事法律规定承担民事责任。

4. 财政部门工作人员在投诉处理过程中滥用职权、玩忽职守、徇私舞弊的，依法给予行政处分；构成犯罪的，依法追究刑事责任。

（九）相关问题

1. 投诉费用。财政部门处理投诉不得向投诉人和被投诉人收取任何费用。但因处理投诉发生的鉴定费用，应当按照“谁过错谁负担”的原则由过错方负担；双方都有过错的，由双方合理分担。

2. 完善档案。财政部门应当建立投诉处理档案管理制度，并自觉接受有关部门依法进行的监督检查。

3. 保守秘密。对在投诉处理过程中知悉的商业秘密及个人隐私，财政部门及知情人应当负保密责任。

4. 结果公告。财政部门应当将投诉处理结果在省级以上财政部门指定的政府采购信息发布媒体上公告。

四、后续救济

根据政府采购法规定，投诉人对政府采购监管部门的投诉处理决定不服或者政府采购监督管理部门逾期未作处理的，可以依法申请行政复议或者向人民法院提起行政诉讼。这里的两种权利的行使没有先后顺序，可以任选一种行使。

政府采购监督管理部门对投诉人的投诉事项作出的处理决定，是一项具体行政行为，法律并没有规定这种具体行政行为可以成为最终裁决。因此，投诉人对政府采购监督管理部门的投诉处理决定不服，或者政府采购监督管理部门逾期未作处理的，可以通过行政和司法救济途径依法寻求救济，包括提起行政复议和行政诉讼两种途径。

（一）行政复议

1. 含义。投诉人对政府采购监管部门的投诉处理决定不服或者政府采购监督管理部门逾期未作处理的，可以依法申请行政复议。

行政复议是指公民、法人或者其他组织不服行政主体作出的具体行政行为，认为行政主体的具体行政行为侵犯其合法权益，依法向法定的行政复议机关提出复议申请，行政复议机关依法对该具体行政行为进行合法性、实用性审查，并作出行政复议决定的行政行为，是公民、法人或者其他组织通过行政救济途径解决行政争议的一种途径和方法。

申请人申请行政复议，可以书面申请，也可以口头申请；口头申请的，行政复议机关应当当场记录申请人的基本情况、行政复议请求、申请行政复议的主要事实、理由和时间。

2. 体制。行政复议机关是指有权受理行政复议申请，依法对具体行政行为进行审查并作出裁决的行政机关。从行政复议管辖权的角度看，申请复议人可以向下列机关提出行政复议：

一是对县级以上地方各级人民政府工作部门的具体行政行为不服的，由申请人选择，可以向该部门的本级人民政府申请行政复议，也可以向上一级主管部门申请行政复议。

二是对海关、金融、国税、外汇管理等实行垂直领导的行政机关和国家安全机关的具体行政行为不服的，向上一级主管部门申请行政复议。

三是对地方各级人民政府的具体行政行为不服的，向上一级地方人民政府申请行政复议；对省、自治区、直辖市人民政府依法设立的派出机关所属的县级地方人民政府的具体行政行为不服的，向该派出机关申请行政复议；对县级以上地方人民政府依法设立的派出机关的具体行政行为不服的，向设立该派出机关的人民政府申请行政复议；对政府工作部门依法设立的派出机构依照法律、法规或者规章规定，以自己的名义作出的具体行政行为不服的，向设立该派出机构的部门或者该部门的本级地方人民政府申请行政复议。

四是对国务院部门或者省、自治区、直辖市人民政府的具体行政行为不服的，向作出该具体行政行为的国务院部门或者省、自治区、直辖市人民政府申请行政复议，对行政复议决定不服的，可以向人民法院提起行政诉讼；也可以向国务院申请裁决，国务院依法作出最终裁决。

3. 程序。投诉人可以自收到投诉处理决定之日起 60 日内，向该政府采购监督部门的本级人民政府申请行政复议，或者向上一级政府采购监督管理部门申请行政复议。

如果投诉处理决定是由财政部作出的，投诉人应向财政部申请行政复议。行政复议机关受到行政复议申请后，应当在 5 日内进行审查并决定是否受理，对不予受理的应当书面告知申请人，决定予以受理的，应当及时进行审查、研究，提出处理意见，在自受理申请之日起 60 日内作出维持、撤销、变更原投诉处理决定或者认为原投诉处理决定违法的行政复议决定，并书面通知申请人。情况复杂，不能在规定期限内作出行政复议决定的，经行政复议机关的负责人批准，可以适当延长，并告知申请人和被申请人；但是延长期限最多不超过 30 日。行政复议机关作出行政复议决定，应当制作行政复议决定书，并加盖印章。行政复议决定书一经送达，即发生法律效力。

（二）行政诉讼

1. 含义。行政诉讼是指公民、法人或者其他组织认为行政机关和法律法规授权的组织作出的具体行政行为侵犯其合法权益，依法定程序向人民法院起诉，人民法院在当事人及其他诉讼参与人的参加下，对具体行政行为的合法性进行审查并作出裁决的制度。行政诉讼是解决行政争议的重要法律制度。所谓行政争议，是指行政机关和法律法规授权的组织因行使行政职权而与另一方发生的争议。行政争议有内部行政争议和外部行政争议之分。行政诉讼与行政复议是我国解决外部行政争议的两种主要法律制度。

2. 程序。根据行政诉讼法的规定，投诉人不服投诉处理决定直接向人民法院提起行政诉讼的，应当在收到投诉处理决定之日起 3 个月内，向作出投诉处理决定的政府采购监督管理部门所在地的基层人民法院提出。如果投诉处理决定是由财政部作出的，投诉人应当向财政部所在地的中级人民法院提出。人民法院接到起诉状后，经审查在 7 日内立案或者作出裁定不予受理。一经立案，人民法院将及时进行审理，并根据不同情况，在立案之日起 3 个月内分别作出维持、撤销或者部分撤销原投诉处理决定的第一审判决。有特殊情况需要延长的，由高级人民法院批准，高级人民法院审理第一审案件需要延长的，由最高人民法院批准。投诉人对第一审判决不服，有权在判决书送达之日起 15 日内向上一级人民法院提起上诉。逾期不提起上诉的，人民法院的第一审判决或者裁定发生法律效力。当事人不服人民法院第一审裁定的，有权在裁定书送达之日起 10 日内向上一级人民法院提起上诉。人民法院审理上诉案件，一般在收到上诉状之日起 2 个月内作出终审判决。有特殊情况需要延长的，由高级人民法院批准，高级人民法院审理上诉案件需要延长的，由最高人民法院批准。

小资料

串标——偷鸡不着蚀把米

2007 年 1 月，K 省政府采购中心受 B 防汛办委托，以公开招标方式采购一批防汛物资，经过开标评标最终 M 公司成为中标供应商。在公示期间，K 省采购中心收到参加该项目投标且排名第二的 H 供应商的质疑，认为一同来投标的 C、D 两家供应商和 M 供应商串通一气，其投标人代表就是 M 公司的员工，M 公司存在串标嫌疑。H 供应商没有提供质疑内容的相关证据。K 省采购中心查阅了招标投标过程中的文件档案资料，同时对 M 公司及其所有参加该项目投标的公司的投标代表身份进行再次确认，也没有发现串标的疑点。K 省采购中心基于质疑没有充分证据考虑，以招标投标过程程序合法作为质疑回复，并同时将有关情况上报 K 省政府管理办公室。K 省政府采购管理办公室以证据不足，没有受理 H 公司的投诉。同时告知 H 公司可以根据自己所掌握的有关信息，向具有管辖权的投标所在地的工商部门申请介入调查。工商部门根据《反不正当竞争法》等法律法规受理该案后，赴M公司所在地的相关部门调查核实有关情况，很快发现C、D两家公司的投标人代表系M公司的员工（领取M公司的薪水），在铁的事实面前，M公司无法否认不正当竞争行为的存在，工商部门对M公司处以数十万元罚款。根据工商部门的处理结果，K省政府采购管理办公室和K省政府采购中心取消M公司中标资格，中标结果顺延由综合评分排名第二的H公司中标。

（资料来源：依据中国政府采购网整理。）

思考题

1. 简述政府采购质疑投诉程序。
2. 简述政府采购质疑的条件。
3. 简述如何做好政府采购质疑答复工作。
4. 简述政府采购投诉的条件。
5. 简述如何做好政府采购投诉答复工作。

案例分析

某市一招商引资项目吹填工程委托集中采购机构以竞争性谈判方式采购。谈判公告发出7天以后，有A、B、C、D等4家供应商前来报名，集中采购机构在同一张表格上进行了报名登记，这时离报名截止日还差一天。由于项目建设单位申明土方量测算结果需延迟3天，故书面通知集中采购机构推迟谈判4天。当日集中采购机构发布了延期谈判公告。在此后的4天中，有另外E、F、G等3家前来报名，最终经谈判小组确定共计7家符合资格条件的供应商，发出竞争性谈判邀请，在规定的时间内分别提供了谈判文件，并将土方量测算数以书面形式告知了7家供应商。于是前4家供应商中的D公司不满，书面报告了监管部门：投诉说集中采购机构违规操作，程序不合法。

案例思考：根据上面所提供资料，请分析与讨论：D公司的做法违反了政府采购法的哪些规定？为什么会出现这种情况？应该采取什么措施避免类似问题出现？

第九章 政府采购信息管理

学习目标

- □ 了解政府采购信息管理主要内容
- □ 了解政府采购信息公开发布内容
- □ 了解政府采购信息管理系统基本内容
- □ 掌握政府采购信息发布管理原则

第一节 政府采购信息管理内容

政府采购信息是指规范政府采购活动的法律、法规、规章、规范性文件以及反映政府采购活动状况的数据和资料的总称。政府采购信息管理内容主要包括政府采购信息搜集、信息发布、信息记录、信息储存与信息查阅等项内容。

一、政府采购信息搜集

（一）信息搜集内容

1. 政府采购法律、法规资料搜集。为规范政府采购行为，世界各国、国际性组织以及我国中央和地方政府，都制定了关于政府采购的法律、法规。最典型的如世界贸易组织的《政府采购协议》。我国政府虽然没有签署世界贸易组织《政府采购协议》，但为了规范政府采购行为，2003 年国家正式颁布实施《中华人民共和国政府采购法》以来，与政府采购工作相关的法律有十多个。同时，财政部单独或与有关部委一起围绕该法出台了 30 多个具体的规章和实施细则，各地方政府也相继出台了政府采购目录标准和采购资金限额标准等一系列实施办法。对于从事采购的单位和机构而言，掌握和贯彻这些法规与政策，是必然的选择。同时，还要及时注意搜集不同国家和地区关于政府采购管理方面的信息，包括法律法规、采购案例、采购指南等内容。

2. 产品信息搜集。科学的政府采购必须建立在及时掌握各种产品不断变化了的信息的基础之上。采购人和采购代理机构需要建立产品跟踪系统，随时掌握产品信息的变化动态，并且按照产品的类别、功能、成本、寿命周期、发展状态等内容进行统计和记录，特别是要对新产品给予充分的关注。

3. 供应商信息搜集。供应商信息是政府采购信息库中必不可少的重要内容。作为政府采购的供应商，其经营资格、提供货物和服务的履约能力、市场信息程度等，都直接关系到政府采购的成败。因此，为了保障政府采购的优良效果，政府采购监管部门、政府采购代理机构不仅需要有一个对供应商的评价和管理体系，而且还必须不断跟踪和了解供应商的信息，包括供应商的分类、供应商实力的调查、供应商是否转产、破产，供应商的资信记录，对供应商处理记录等。对于供应商信息进行管理所采用的普遍方法是，在搜集到供应商的各种信息后，建立相关的供应商信息库。

讨论一下：

政府采购网站信息的内容有哪些？

4. 采购案例信息搜集。政府采购过程同时也是一个经验积累的过程，采购人或采购机构在采购中，可能既有成功的经验，又有失败的教训，通过对政府采购案例建立档案，可以不断从案例中吸取成功的经验，避免不必要的失误。

（二）信息搜集方式

政府采购信息搜集工作应该配备专门的人员和队伍，充分利用采购业务活动机会与现代化技术手段来搜集相关采购信息，其中的主要方式有以下几种：

1. 建立队伍调查搜集。开展行业与新产品信息研究，建立新产品信息调查队伍。通过专门人士长期跟踪调查各种行业的新产品以及新供应商的发展动向，掌握各类产品最新进展，包括其功能、技术规格、适用范围、成本状况等情况。

2. 通过媒体征集搜集。采购人定期在有关报纸和刊物上发布征集供应商和新产品的消息，或者直接向供应商发出询问单。在现代市场经济社会，媒体在搜集信息方面具有强大的功能。通过媒体征集，凡是对政府采购有兴趣的供应商，都会积极主动地向采购人或采购机构提供其新产品的相关信息，从而有利于采购人扩大其信息搜集渠道。另一种方法则是直接向供应商发出询问单。

3. 利用社会资料搜集。政府采购的某些信息，直接来源于政府统计资料和向社会公开的各种资料。例如，通过政府对供应商情况的统计，政府相关的资料认证、政府各种检查结果、政府部门组织评选出优秀产品或企业、良好的市场评价和社会评价等，都可以了解并掌握相关采购产品和服务的信息及其生产企业的信息。此外，政府采购部门还可以通过媒体、互联网等方式获得国际市场各方面的产品和供应商信息。

4. 采购人自身积累搜集。即采购人本身的信息来源。采购人经常进行各种采购活动，在采购活动中必然获得大量的关于产品和供应商的信息，对于这些信息也应该加以整理并充分利用。

二、信息公告

（一）信息公告原则

> **想一想：**
> 政府采购信息发布媒体有哪些？

政府采购信息公告，就是将政府采购的相关信息通过公开的方式告知采购代理机构、供应商和广大社会公众。信息公告是政府采购管理制度中的重要内容和组成部分，是政府采购信息管理的核心。政府采购公告应遵循的主要原则有：

1. 信息发布及时。一是财政部门指定的政府采购信息发布媒体中的网络媒体，应当在收到公告信息之日起 1 个工作日内上网发布；指定的报纸，应当在收到公告信息之日起 3 个工作日内发布；指定的杂志，应当及时刊登有关公告信息。二是公告政府采购信息必须做到内容真实、准确可靠，不得有虚假和误导性陈述，不得遗漏依法必须公告的事项。三是在各政府采购信息指定发布媒体上公告同一政府采购信息的时间不一致的，以在财政部指定的政府采购信息发布媒体上最早公告信息的时间为公告时间和政府采购当事人对有关事项应当知道的时间。四是采购人、采购代理机构需要公告政府采购信息的，应当以传真、电子邮件等快捷方式将信息提供给政府采购信息指定发布媒体，也可经同级人民政府财政部门提供给政府采购信息指定发布媒体。

2. 内容规范统一。一是除涉及国家秘密、供应商的商业秘密，以及法律、行政法规规定应予保密的政府采购信息以外，下列政府采购信息必须公告：有关政府采购的法律、法规、规章和其他规范性文件；省级以上人民政府公布的集中采购目录、政府采购限额标准和公开招标数额标准；政府采购招标业务代理机构名录；招标投标信息，包括公开招标公告、邀请招标资格预审公告、中标公告、成交结果及其更正事项等；财政部门受理政府采购投诉的联系方式及投诉处理决定；财政部门对集中采购机构的考核结果；采购代理机构、供应商不良行为记录名单；法律、法规和规章规定应当公告的其他政府采购信息。二是省级以上财政部门可以根据管理需要，增加需要公告的政府采购信息内容。三是在各政府采购信息指定发布媒体上分别公告同一政府采购信息的，内容必须保持一致。内容不一致的，以在财政部指定的政府采购信息发布媒体上公告的信息为准，但法律、行政法规另有规定的除外。

3. 渠道相对集中。政府采购信息应当在省级以上人民政府财政部门指定的媒体上发布。一是财政部负责确定政府采购信息公告的基本范围和内容，指定全国政府采购信息发布媒体。二是省级（含计划单列市，下同）财政部门负责确定本地区政府采购信息公告的范围和内容，可以指定本地区政府采购信息发布媒体。三是除财政部和省级财政部门以外，其他任何单位和个人不得指定政府采购信息的发布媒体。四是政府采购信息应当首先在财政部指定的政府采购信息发布媒体上公告；地方的政府采购信息可以同时在其省级财政部门指定的政府采购信息发布媒体上公告。五是采购金额达到 500 万元以上的政府采购项目信息应当在国务院财政部门指定的媒体上发布。

4. 便于查找。一是政府采购信息指定发布媒体应当向社会公告本媒体的名称和联系方式。名称和联系方式发生变更的，应当及时向社会公告，并向负责指定其发布政府采购信息的财政部门备案。二是政府采购法律、法规、规章和其他规范性文件，集中采购目录、政府采购限额标准、公开招标限额标准等信息，由省级以上人民政府财政部门负责在政府采购信息指定发布媒体上公告。三是招标投标信息由采购人或者其委托的采购代理机构负责在政府采购信息指定发布媒体上公告。四是对集中采购机构的考核结果以及采购代理机构、供应商不良行为记录名单等信息，由同级人民政府财政部门按照有关规定在政府采购信息指定媒体上公告。五是属于政府采购监督管理方面的，由同级人民政府财政部门进行公告；属于采购业务方面的，由采购人或者其委托的采购代理机构进行公告。六是政府采购信息指定发布媒体应当对其发布的政府采购信息进行分类统计，并将统计结果按期报送同级人民政府财政部门。

（二）信息公告内容

目前，我国政府采购信息发布内容还非常有限，但根据政府采购的一般规律以及政府采购法的规定，要逐步加以完善。除涉及商业性秘密外，下列政府采购信息必须在指定媒体上及时发布：

1. 法律、制度类。这类信息涉及政府采购的“游戏规则”，决定着各政府采购当事人的总体行为规范，应当毫不保留地予以公开。这类信息主要包括：

（1）各级人大颁布的有关政府采购的法律。如全国人大颁布的政府采购法、中小企业促进法等。其中，政府采购法是我国政府采购的基本法，对我国政府采购的目标、原则、范围、管理、政策、方式、程序、监督检查、法律责任等基本问题作出了规定，同时还明确了政府采购当事人的权利和义务、供应商资格、外国产品及供应商准入等事项。

（2）各级人民政府颁布的政府采购法规规定。如国务院即将颁布的《政府采购法实施条例》，中央和地方政府集中采购目录、限额标准以及招标数额标准，等等。

（3）各级政府采购监督管理部门颁布的部门规章。如财政部已经颁布实施的4个部长令，包括《政府采购货物和服务招标投标管理办法》、《政府采购信息公告管理办法》、《政府集中采购机构考核管理办法》、《政府采购代理机构资格认定管理办法》，还有财政部颁布实施的包括采购环保产品、节能产品、自主创新产品、限制使用进口产品等方面的规章，以及地方政府财政部门颁布实施的大量规章。

2. 采购机会类。这类信息涉及一个财政年度政府的总体施政计划及具体采购安排。采购机会类主要包括下列信息：

（1）各级人大批复的预算。政府施政行为必须有预算保障，没有预算就没有支出，也不应当有施政行为。每年各级人大批准的预算，实际上是对政府提供的公共服务项目的确认，包括拟开展的采购事项及其预算。公告预算安排情况，便于社会公众了解政府活动全貌，也方便供应商全面了解全年政府采购的规模及具体项目，及时做好参与准备工作。

（2）采购预告。预算中安排的采购项目是按照年度确定的采购任务，但具体项目的实施时间却要由采购人根据实际情况另行确定。为此，各级政府采购人的具体采购安排，要按期作出采购预告。预告期限可按季度确定，也可半年一次，增强采购活动的计划性。

> **讨论一下：**
>
> 采购机会类采购公告对供应商产生什么作用？

（3）采购公告。针对具体采购活动发布的招标或者邀请公告，对供应商来说是即期的采购机会。采购公告应当载明的主要信息有：采购人名称、采购项目名称、数量等，采购方式，招标机构，开标、截标日期，投标语言，标书获取方式、地点、价格，履行期限，以及其他有关信息。采购公告需作更正的，还要发布更正公告。更正公告的主要信息包括：采购人名称，采购项目，原公告日期，更正内容等。

3. 采购要求类。这类信息主要是指采购人对具体采购活动提出的有关评标或者确定成交的标准。包括供应商特定资格条件，如供应商应具备的资质等级；评标或者确定成交的方法。常用方法可在采购文件中载明，有特别要求的，应当事先公告。

4. 采购合同类。按照《政府采购法》第六十三条规定，采用法定采购方式的，采购人在采购活动完成后，应当将采购结果予以公布。也就是说，中标结果必须公告，采用招标方式以外的采购方式的，采购机会可以不公告，但成交结果必须公告，实质上是向社会公众及供应商报告采购结果。

中标结果公告的主要信息包括：采购人名称、采购项目名称、采购方式、原公告日期、评标日期、中标金额、中标供应商名称、中标供应商地址、本采购项目的联系人及联系方式。

成交结果公告的主要信息包括：采购人名称、采购项目名称、采购方式及选择采购方式的原因、评定成交日期、成交金额、成交供应商名称、成交供应商地址、本采购项目的联系人及联系方式。

5. 补救机制类。政府采购的补救机制是指对采购活动中出现违法乱纪行为的处理方式，包括询问、质疑、投诉、行政复议、司法裁决等。补救机制类分为两个层次的内容，一是寻求补救机制的方式，包括各补救方式的条件、程序、处理方式等。二是对具体投诉、行政复议或者司法裁决结果的公告。

6. 采购统计类。这类信息涉及年度采购事项的执行情况，是预算执行结果的一种反映，同时也是为政府分析和决策提供依据。应当公告的统计信息主要有：

（1）预算及支付额。包括全国政府采购项目预算总额、实际支付金额、资金节约情况。预算资金中要分别反映预算资金及预算外资金构成情况。以上信息还要分结构分别反映中央和地方的有关情况。

（2）采购对象构成。要分别反映政府采购规模中，货物、工程和服务各自的规模及占总规模的比重。

（3）采购方式的采用。要分别反映各采购方式的采购规模及其占总规模的比重。

（4）集中与分散程度。要分别反映集中采购和分散采购的规模，以及各自占政府采购总规模的比重。

（5）中标或者成交供应商分布。在全国政府采购规模中，要反映采购本国货物、工程和服务的规模与比重。在采购本国货物、工程和服务的规模中，要反映不同地区供应商中标、成交的规模与比重，中小企业供应商中标及成交的规模与比重。

7. 公开招标公告的内容。其内容包括：一是采购人、采购代理机构的名称、地址和联系方式；二是招标项目的名称、用途、数量、简要技术要求或者招标项目的性质；三是供应商资格要求；四是获取招标文件的时间、地点、方式及招标文件售价；五是投标截止时间、开标时间及地点；六是采购项目联系人姓名和电话。

8. 邀请招标资格预审公告的内容。其内容包括：一是采购人、采购代理机构的名称、地址和联系方式；二是招标项目的名称、用途、数量、简要技术要求或招标项目的性质；三是供应商资格要求；四是提交资格申请及证明材料的截止时间及资格审查日期；五是采购项目联系人姓名和电话。

9. 中标公告的内容。其内容包括：一是采购人、采购代理机构的名称、地址和联系方式；二是采购项目名称、用途、数量、简要技术要求及合同履行日期；三是定标日期（注明招标文件编号）；四是本项目招标公告日期；五是中标供应商名称、地址和中标金额；六是评标委员会成员名单；七是采购项目联系人姓名和电话。

10. 采购信息更正公告的内容。其内容应当包括：一是采购人、采购代理机构名称、地址和联系方式；二是原公告的采购项目名称及首次公告日期；三是更正事项、内容及日期；四是采购项目联系人和电话。

11. 不良行为记录名单公告的内容。采购代理机构、供应商不良行为记录名单公告，应当包括当事人名称、事由、处理机关和处理结果等内容。

12. 投诉处理决定公告的内容。其内容包括：采购人、采购代理机构名称；二是采购项目名称及采购日期；三是投诉人名称及投诉事项；四是投诉处理机关名称；五是处理决定的主要内容。

想一想：

政府采购信息集中发布与分散发布有何不同？

（三）信息公告媒体

在我国，根据《政府采购管理制度》规定，发布政府采购信息的媒体，由国家财政部按照相对集中、受众分布合理的原则指定。一般来说，省级政府采购监管机构也可以指定其他报刊和网络等媒体公告信息，但应该是在财政部指定的媒体上发布信息后，地方规定才能有效，且发布的信息内容必须一致。

1. 信息公开发布体制。

（1）政府采购法律、法规、规章和其他规范性文件，集中采购目录、政府采购限额标准，公开招标限额标准等信息，由省级以上人民政府财政部门负责在政府采购信息指定发布媒体上公告。

（2）招标投标信息由采购人或者其委托的采购代理机构负责在政府采购信息指定发布媒体上公告。

（3）集中采购机构的考核结果以及采购代理机构、供应商不良行为记录名单等信息，由同级人民政府财政部门按照有关规定在政府采购信息指定媒体上公告。

2. 政府采购信息指定媒体。政府采购信息指定发布媒体发布政府采购信息，应当体现公益性原则。财政部指定的媒体应当免费刊登和发布政府采购信息，省级政府采购部门指定的媒体原则上也应该免费刊登和发布政府采购信息。目前财政部指定的发布政府采购信息的媒体，已经形成了报纸（《中国财经报》）、网络（《中国政府采购网》）和杂志（《中国政府采购》）三位一体的发布体系。

（四）信息发布管理

1. 注意问题。一是内容够用；二是内容一致；三是时间认定；四是及时公告；五是统计报告；六是变更公告。

2. 加强管理。一是要进一步明确政府采购信息发布内容；二是要加强政府采购信息指定媒体建设；三是要进一步加强监管力度。

三、信息保存与查阅

（一）信息记录与保存内容

政府采购信息记录主要包括政府采购文件与政府采购过程记录两方面。

1. 政府采购文件内容记录。包括：政府采购计划、政府采购预算的原件与批复资料、招标文件、投标文件、评标标准、评估报告、定标文件、合同文本、验收证明、质疑答复、投诉处理决定及其他有关文件、资料等。

2. 政府采购过程内容记录。是指从采购项目信息公告发布起，到中标、成交结果公告止，采购文件的发布、发售、开标、评标、澄清、谈判、询价等各个程序环节。对于政府采购活动的过程，为了能够有效地进行监督和管理，至少应当记录、保存下列内容：（1）政府采购项目的类别、名称，采购的功能要求、规格和数量等；（2）政府采购项目预算、资金构成和合同价格、采购合同的签约人；（3）采用的政府采购方式及选择这种方式的依据与原因；（4）邀请、审查和选择供应商的条件及原因；（5）评标标准及确定中标人的原因；（6）如果有废标情况，记录废标的情况与原因；（7）采用招标以外其他采购方式的，应进行专门的记录，并说明原因。

> **讨论一下：**
> 如何加强对政府采购信息公告的监管？

此外，为了加强政府采购工作的责任感，应该将政府采购活动的主持人、相关参与人员，特别是评委会的组成人员等，都记录在案并予以保存。

（二）信息存储与查阅

政府采购信息的存储和建立方便快捷的查询系统是十分必要的。在现代科学技术高度发达的当今社会，政府采购最重要的信息存储和查阅方式就是电子信息网络系统。

政府采购信息管理部门通过建立政府采购专业网站，可以充分发挥网上搜集信息、存储信息、发布信息的功能作用。同时，由于政府采购的信息具有相当的公开性，因此，可以为政府采购管理部门的监督检查和社会公众的查阅提供方便。随着电子技术的发展和普及，采购人和采购机构不仅可以实现网上资料的查阅，还可以直接实现网上采购。

第二节

政府采购信息管理系统

一、政府采购信息管理系统特点

（一）全面性

政府采购信息管理系统是一个综合全面反映监督和控制政府采购价值和实物运动的系统，它不仅应当包括政府采购资金收支情况、采购项目预算、计划、执行、控制情况、采购信息发布情况等动态信息，还包括政府采购统计信息、供应商信息、商品价格信息等静态信息的管理。

（二）复杂性

政府采购信息管理系统不仅要能够从外部市场或网络上提取有关信息为己所用，利用外部的商品价格库、供应商库、专家库等公共信息资源为政府采购申请、计划、审批、任务、收标和评标管理、中标通知、合同管理、验货管理、资金拨付申请、采购统计等内部运作程序管理服务，同时又要能够将已处理的有用信息提供给外部环境，对外发布法律法规、采购公告、相关新闻等以及提供政府采购活动中开标、中标、网上签订合同等环节的电子商务信息。

（三）真实性

政府采购信息不仅要真实，而且要准确；要遵循政府采购的法律法规，政府采购信息管理要确保报表之间、收支项目之间、信息库之间有关的数据的一致性，增强信息的准确性。同时，在提取外部市场信息，在不同部门之间传递，以及由下往上汇总时，必须在规定的时间内完成，以保证执行信息的时效性。

（四）规模性

由于政府采购工作本身的特点，决定了政府采购信息管理系统要搜集、处理、存贮和提供大量的经济信息，才能为建立包括对外信息发布系统、内部管理系统以及电子商务系统等一体化的政府采购信息管理系统服务的原始资料和依据。

二、政府采购信息管理系统内容

政府采购信息管理系统应包括原始数据系统、分析系统、预警系统和反馈系统等，具备查询、调整及拓展等功能。从用途上分，应包括资金管理模块、项目合同管理模块、统计报表管理模块、服务项目管理模块、货物项目管理模块、供应商管理模块和专家管理模块等。

（一）原始数据系统

原始数据的采集是信息系统的基础环节，对后续工作的质量将产生直接影响。其核心工作，就是按照“真实、准确、全面、及时”的原则完整体现所有的政府采购信息。必须研发一套新的系统，把政府采购资金收支情况、采购项目预算、合同执行情况、供应商信息、商品价格信息等数据纳入该系统并加强其内在逻辑关系，使之在成为完整反映政府采购价值运动的信息库的同时，增强信息的准确性。

（二）分析系统

1. 分析政府采购执行情况。分析货物类、工程类、服务类政府采购项目的支出情况以及各项目占总支出的比例；分析政府采购项目预算及实际支出情况，通过节约率的指标反映资金使用效益；分析公开招标、邀请招标、竞争性谈判、询价、单一来源五大采购方式在实际采购中的运用的比例，反映政府采购的规模性和公开透明度；分析国内外、省内外采购货物的比例，反映研究各地经济发展的均衡性；分析各行业的采购比例，反映采购资金资源配置的合理性。

2. 分析政府采购资金的收支情况。包括对单位政府采购资金预算安排及其支出使用情况的分析；对政府采购项目的资金、计划、付款进度的分析，以保证政府采购资金的安全性和对单位采购资金预算安排的合理性。

3. 分析政府采购价格和数量的合理性。揭示政府采购中的不合理支出和暗箱操作的腐败行为，促进廉政建设。

（三）预警系统

1. 加强资金安全控制。根据各单位政府采购资金预算安排和采购支出情况，分析采购资金流，合理控制资金支出，并对未来的收支情况有合理的预测、判断，并确定警戒线，防止采购资金超出预算规模。

2. 加强支出审核控制。引入商品标准价格指标体系，揭示超过标准价格的不合理采购支出。

3. 加强供应商资格控制。引入供应商诚信体系指标，将不符合政府采购诚信条件的投标商摒除在政府采购市场之外。

4. 加强采购方式控制。对要求采用公开招标方式采购项目的规模设定临界值，促进政府采购的公开。

（四）反馈系统

在对政府采购价值有了全面了解和深入分析之后，可以对政府采购支出情况有一个总体判断，对不合理之处提出纠正意见，对宏观经济需要调控之处，提出相应经济对策，充分发挥政府采购提高资金使用效益，促进廉政建设的职能。这是建立反馈系统的本意所在。因此，反馈系统应具有政策传导和信息反馈机制。通过政策传导，可以把政府采购政策贯彻执行下去；通过信息反馈，可以进一步检验政策措施的合理性，从而实现政府采购信息管理的科学性、安全性、合理性。这样，才能实现与财政预算编审、国库支付行政事业会计核算、固定资产管理的紧密衔接；才能积极推动财政业务信息链的形成；才能在不断深化财政改革的同时推动政府采购的进程。

第三节

政府采购信息管理法律责任

财政部发布的自2004年9月11日起施行的《政府采购信息公告管理办法》，对采购人、采购代理机构、政府采购信息发布媒体和其他有关单位和个人在政府采购信息公告管理中的不同违规行为，较为全面地规定了具体的法律责任。

一、采购人、采购代理机构的违规行为和法律责任

（一）一般违规行为和法律责任

按照规定，采购人或者采购代理机构有下列情形之一的，由县级人民政府财政部门责令限期改正，给予警告；对直接负责的主管人员和其他直接责任人员，由其行政主管部门或者有关机关给予处分，并予以通报。

> **想一想：**
> 行政处罚和行政处分有何不同？

1. 应当公告政府采购信息而未公告的。

2. 不首先在财政部指定的政府采购信息发布媒体上公告信息，或者不在财政部门指定的政府采购信息发布媒体上公告信息的。

3. 政府采购信息内容明显违反本办法规定的。

4. 在两个以上政府采购信息指定发布媒体上公告同一信息的实质内容明显不一致的。

5. 未按规定期限公告信息的。

（二）严重违规行为和法律责任

采购人或者采购代理机构有下列情形之一的，采购无效，并由县级人民政府财政部门给予警告或者通报批评；属于政府采购代理机构的责任且情节严重的，依法取消其进行相关业务资格：（1）招标投标信息中以不合理条件限制或者排斥潜在投标人的。（2）公告的信息不真实，有虚假或者欺诈内容的。

二、政府采购信息指定发布媒体的违规行为和法律责任

《政府采购信息公告管理办法》规定，政府采购信息指定发布媒体有下列情形之一的，由省级以上人民政府财政部门给予警告；情节严重的，依法取消其政府采购信息指定发布媒体资格；造成经济损失的，依法承担相应的赔偿责任：（1）违反事先约定收取或者变相收取信息发布费用的。（2）无正当理由拒绝发布信息提供者提供的信息的。（3）无正当理由延误政府采购信息发布时间的。（4）发布政府采购信息改变信息提供者提供的信息实质性内容的。（5）其他违反政府采购信息管理的行为。

三、其他单位和个人的违规行为和法律责任

《政府采购信息公告管理办法》同时规定，任何单位和个人非法干预政府采购信息公告活动的，由省级以上人民政府财政部门责令限期改正，给予警告；拒不改正的，转送有关机关依法处理。

任何单位或者个人发现政府采购信息发布活动不符合本办法规定的，有权向同级人民政府财政部门控告和检举，有关财政部门应当依法予以处理。

小资料

某地区政府采购信息统计分析

2009 年我区政府采购工作在规范操作运行、加强监督管理、提升采购效率和质量以及采购政策功能执行等方面取得了较为明显的进步。1—3 季度，政府采购预算 65084.29 万元，实际支付 56920.77 万元，节约资金 8163.52 万元，节约率为 12.54%，采购规模比上年同期增长 5058.10 万元，增长率为 9.75%，公开率为 90.25%。实际采购金额占财政支出的 21.98%。

（一）采购规模

1—3 季度，我区政府采购规模为 56920.77 万元，比上年同期增长 9.75 个百分点。其中，货物采购、工程类采购、服务类采购在总规模中所占比重分别为 37.67%、52.90%和 9.43%。与上年同期相比，货物类采购增长较大，比去年同期增长了 65.37%，主要是因为我们加大了宣传力度，各单位领导重视，采购人政府采购意识也提高了。同时，今年一些大的政府实事工程设备项目进入了政府采购，如吴中区幼儿教育中心园设备项目、太湖国家旅游度假区的“太湖文化论坛”设备项目、新建吴中人民医院设备项目等。工程方面总量略微减少，主要为民生工程，如宝带路综合改造工程、龙西街道盘蠡村等综合改造工程、光福镇拆迁安置小区建设工程等。服务类采购拓展了新领域，“网络建设维护、租赁、摆花”纳入了 2009 年我区政府采购目录，相关采购项目，如劳动社保局的小型机维护、城管局的摆花等。这些项目通过政府采购活动，严格按照“公开、公平、公正”原则，采用招标方式选择质优、价廉的商品，最大限度地发挥财政资金使用效益。

今年以来，乡镇政府采购规模和范围不断扩大，采购规模增长迅猛。1—3 季度，镇（区、街道）采购金额为 22381.56 万元，与去年同期相比增长 9636.90 万元，增长率为 75.62%，因为乡镇政府对政府采购的重视，很多含有财政性资金的项目纳入了政府采购。但镇（区、街道）政府采购规模发展还很不平衡，如度假区实现采购规模 3272.65 万元、光福镇 3810.76 万元，但有几个乡镇采购额还不到 500 万元。区级机关和事业单位的采购金额为 34539.21 万元，比去年同期减少 4578.80 万元。由此看来，我区镇（区、街道）的政府采购已成为我区政府采购的半壁江山。

（二）采购范围及构成

1—3 季度，政府采购货物类规模为 21440.14 万元，占采购总规模的 37.67%，比去年同期增长了 8475.44 万元，增长率为 65.37%，货物类采购规模增长迅猛，如太湖国家

旅游度假区的“太湖文化论坛”设备项目统一进行了政府采购，今年以来此项目累计采购总预算2691.60万元，实际采购额为2500.18万元，节约资金191.42万元，节约率7.11%；环保局的环境监测设备预算672.70万元，实际采购额639.62万元，节约资金33.08万元，节约率4.92%；木渎教管办采购的木渎实验小学设备项目预算共计1468.90万元，实际采购额1387.76万元，节约资金81.14万元，节约率5.52%。工程类采购规模为30109.66万元，占采购总规模的52.90%，比去年同期减少了5420.79万元，减少率达到15.26%，但仍在整个采购规模中占主体地位。如宝带路综合改造工程第一、二标段预算7300万元，实际采购金额6957.93万元，节约资金342.07万元，节约率4.69%；龙西街道盘鑫村等综合改造工程预算1320万元，实际采购金额1225.58万元，节约资金94.42万元，节约率7.15%；光福镇拆迁安置小区建设工程预算3250万元，实际采购金额3239.60万元，节约资金10.40万元等。服务类采购规模为5370.97万元，主要为药房协管及绿化养护，占采购总规模的9.43%，比去年同期增加2003.45万元，增长率为59.49%。

从1—3季度货物、工程、服务类的采购额分布看，货物、服务类的采购额有了大的提高，在整个政府采购中规模增长速度较快，工程类的占比出现了一定程度的下降，但工程类仍占份额较大，整个采购规模占比更趋于合理。

（三）采购方式

1—3季度，政府采购主要采用公开招标、竞争性谈判、询价及单一来源四种方式。在1—3季度56920.77万元的采购额中，通过公开招标方式的政府采购额为51370.67万元，占实际总采购额的90.25%，其占比比去年同期下降了0.38个百分点；竞争性谈判方式的为2067.16万元，占总采购额的3.63%，占比比去年同期下降了0.77个百分点；询价采购3383.96万元，占总采购额的5.95%，占比比去年同期增长了0.98个百分点；单一来源采购98.98万元，占总采购额的0.17%，占比比去年同期增长了0.17个百分点。

1—3季度，我区招标公开率达到了90.25%，竞争性谈判和询价在总采购额中所占比重则略有上升，公开招标仍在我区政府采购方式中占主体位置。

（四）合同授予情况

1—3季度，政府采购合同授予情况是：国内合同金额55715.78万元，占合同总金额的97.88%，进口合同金额为1204.99万元，占合同总金额的2.12%。国内合同中省内52932.99万元，比去年增加了9423.19万元，占合同总金额的92.99%；省外为2782.79万元，比去年减少了5011.89万元，占合同总金额的4.89%。从比重上看，省内的供应商占全部合同额的92.99%，省内合同远高于省外。进口产品主要为医院的医疗器械、环保局的环保监测专用设备等，进口产品的采购严格按照审批公示程序进行。

纵观2009年1—3季度我区政府采购情况，虽然采购规模比去年同期有了一定的增长，但同时也存在一些问题。采购人对政府采购意识加强了，但对国家重点执行的进口产品和节能产品的政策功能还存在着认识差距。同时，面对招标代理机构受人员素质、专业能力、评标水平等客观因素的制约，对标书要求的资质以及制订的评分标准不够科学、合理，造成供应商的判断不够准确，这些都是我们需要解决的棘手问题。另外，乡镇政府采购工作开展不平衡，有的乡镇政府采购工作滞后，影响了全区政府采购工作上规模、上台阶。为此，我们应加大对政府采购政策功能的宣传力度，积极推进乡镇政府采购进程，规范政府采购监督管理工作，使其走上健康良性的发展轨道，从而推动我区政府采购工作全面发展。

思考题

1. 简述政府采购信息管理的内容。
2. 简述政府采购信息公告的原则。
3. 简述政府采购机会类信息的内容。
4. 简述政府采购信息管理系统的特点。
5. 简述政府采购信息管理系统的基本内容。

案例分析

国家知识产权局政府采购信息统计工作获表扬

据《知识产权报》2009 年 10 月 16 日通讯员刘菊芳、刘文晶报道，财政部办公厅印发的《关于 2008 年中央单位政府采购信息统计工作情况的通报》，对 2008 年度政府采购信息统计工作中的 30 个优秀单位进行表扬，国家知识产权局名列其中。

据悉，政府采购信息统计是政府采购工作成果的综合反映，是辅助决策、指导工作的重要参考和基本依据。国家知识产权局政府采购领导小组高度重视政府采购信息工作，指示要提高政府采购信息报送和统计工作质量。2008 年年初，政府采购领导小组办公室向局属有关单位布置了 2008 年政府采购信息统计工作，并举办政府采购信息统计培训班，邀请财政部专家进行专题讲座和技术指导。国家知识产权局专利局办公室、局直属各单位认真参加培训，按时提交了政府采购信息统计报表。

在认真核对的基础上，局政府采购领导小组办公室对全局政府采购信息进行了汇总统计，并撰写了 2008 年政府采购信息统计分析报告。在局系统政府采购工作人员的共同努力下，国家知识产权局 2008 年政府采购信息统计工作质量较往年有较大提高，受到财政部的表扬。

案例思考： 根据上面提供的资料，分析与讨论做好政府采购信息管理工作的要点。

第十章
政府采购监管

学习目标

- □ 了解政府采购监督体系
- □ 了解监管部门和人员的违法行为与法律责任
- □ 了解政府采购监管依据
- □ 了解政府采购当事人的违法行为与法律责任
- □ 掌握政府采购监管部门职责

第一节 政府采购监督体系

政府采购监督体系是指由政府采购各相关主体内部和相互之间监督与被监督的关系共同构成的有机联系的系统。它既包括政府采购监管部门对政府采购当事人的监督，也包括政府采购当事人对政府采购监管者监管行为的监督，以及政府采购当事人内部和相互之间的监督，还包括审计、监察部门的监督和社会监督等。

一、政府采购监管部门对政府采购当事人的监管

政府采购监管部门对政府采购活动的监督，范围广，内容多，法律法规不可能一一作出规定。监督检查的内容具体包括以下三个方面的主要内容：

（一）监督检查有关政府采购的法律、行政法规和规章的执行情况

政府采购法是规范政府采购行为的基本法律，围绕政府采购法的贯彻实施，国务院将制定有关实施办法，财政部以及地方人大、政府也要制定一系列的地方性法规、规章和其他具体办法。在政府采购实施过程中，还需要适用招标投标、合同管理等方面的法律、行

政法规和规章。所有与政府采购有关的法律制度是否得到全面、正确执行，都会对政府采购活动产生直接影响。因此，政府采购监督管理部门必须加强对有关政府采购的法律、行政法规和规章的执行情况的全面监督检查。

> **讨论一下：**
> 制约我国政府采购监管力度和成效的原因有哪些？

（二）监督检查采购范围、采购方式和采购程序的执行情况

按照法律规定的采购范围、采购方式和采购程序实施采购，是贯彻政府采购公平、公开、公正原则的重要基础。在政府采购实践中，不按照规定的采购范围、采购方式和采购程序实施采购的现象依然不同程度地存在。比如，采购人对纳入集中采购目录的政府采购项目不委托集中采购机构实行集中采购，对应当实行公开招标方式采购的项目擅自采用竞争性谈判等其他方式采购，在采用招标、竞争性谈判、询价方式采购中不完全遵循法定程序等，严重影响了政府采购的严肃性、公正性，损害了国家利益、社会公共利益和供应商的合法权益。因此，政府采购监督管理部门必须重点抓好采购范围、采购方式和采购程序执行情况的监督检查。

（三）监督检查政府采购人员的职业素质和专业技能

采购人员具备良好的职业素质和较高的专业技能，是有效遏制采购中的腐败行为、提高政府采购的质量和效益、保证政府采购活动顺利进行的基础和关键。采购人、采购代理机构虽然会对采购人员加强教育和培训，不断提高其职业素质和专业技能，但由于客观条件的限制或者受其他因素的制约，采购人员的职业素质和专业技能往往不可能完全符合采购工作的需要。因此，政府采购监督管理部门在制订采购人员职业素质与专业技能的具体标准和要求的同时，必须大力加强对采购人员的职业素质和专业技能的监督检查。

二、政府采购当事人对政府监管部门的监督

政府采购活动的监督是全方位和相互的，政府采购监管机构的监督是自上而下的监督。单一的自上而下的监督是不够全面的，合理的监督关系应当是监督者本身也是被监督者，因为没有监督的权力必然滋生腐败和渎职。政府采购当事人对政府采购监督管理部门的监督涵盖政府采购的全过程，这也是政府采购法律及其相关规定赋予政府采购当事人的权利。

（一）监督内容

政府采购当事人对政府采购监管部门的监督，主要是对政府采购监管机构在政府采购监管过程中的违法违规行为和不作为行为实施的监督。如监管部门在接到供应商投诉时，未按照法定的期限对供应商的投诉进行处理，或者供应商对作出的投诉处理结果不服，认为侵害了其合法权益，供应商可以依法申请行政复议，或者直接进行行政诉讼等。

（二）监督方式

政府采购当事人对政府采购监管机构的监督方式，主要是通过对政府采购监管部门违法、违规行为或者不作为行为进行检举、控告、申请行政复议和行政诉讼。

三、政府采购当事人的内部监督和相互之间的监督

（一）政府采购当事人内部监督

政府采购当事人内部监督主要是指当事人通过建立和完善内部监督管理制度，形成内部监督机制、制约机制和制衡机制，对自身政府采购活动进行监督。就政府采购人整体而言，就是建立采购商品和服务的采购、验收、付款三个环节相互分离、相互制约的机制，即财政部门负责采购计划审批，不直接参与具体采购事务；政府采购代理机构负责组织招标等采购工作，但无权支付货款；采购实体不直接采购，但有最后验收签单权，财政部门只能凭采购实体的签单才能支付货款。就政府采购代理机构而言，就是要建立健全内部监督管理制度，制订并执行科学的采购代理活动的执行程序，实行各采购岗位之间的分离，并相互监督、相互制约，强化对其工作人员应当具有相关职业素质和专业技能的培训；以随机的方式从政府采购专家库中抽取评审专家成员，确保评审过程在公正、独立、安全、保密的情况下进行。就供应商而言，就是通过建立完善的内部管理制度，确保其政府采购资料的真实完整，提供的政府采购商品、劳务符合政府采购招标文件的要求。

（二）政府采购当事人之间的相互监督

政府采购当事人之间的相互监督是指通过政府采购法律法规的制度安排，实现政府采购各当事人之间的相互制约和相互监督。供应商通过询问、质疑、投诉、行政复议和行政诉讼制度对采购人、其他供应商、政府采购代理机构和政府采购监督管理机构进行监督；政府采购代理机构通过对供应商资格以及其他政府采购资料的审查对供应商进行监督；采购人通过与代理机构签订委托代理协议并全程参与采购过程对政府采购代理机构和供应商进行监督等。

四、政府有关部门监督

按照政府采购法规定，依照法律、行政法规的规定对政府采购负有行政监督职责的政府有关部门，应当按照其职责分工，加强对政府采购活动的监督。

加强对政府采购活动的监督是政府采购监管部门的重要职责，依照法律、行政法规的规定，对政府采购负有行政监督职责的政府有关部门，也同样要认真履行职责，加强对政府采购活动的监督。这既是政府有关部门的权力，同时也是政府有关部门的义务，各有关部门应当严格依照职责分工，各司其职，密切配合，共同做好对政府采购活动的监督工作。

按照政府采购法规定，财政部门的监督管理与现行工程项目安排及工程管理并不冲突。财政部门作为政府采购的监督管理部门，主要负责采购行为的管理，目的是用好钱，并不参与政府采购的具体活动，与现行项目立项、工程管理、建筑市场管理以及建筑行业招标中介机构管理等规定并不矛盾，这些工作仍按相关部门现有的职责分工。例如，工程项目的立项和投资计划安排依然由国家发改委负责；项目确定后，财政部门据此编制采购预算；各部门按照确定的项目和批准的预算，根据现行工程管理规定组织实施；建设部门负责工程建设技术标准、定额标准、建设施工单位和中介机构资质管理以及质量监理和建材市场管理等。

五、审计、监察机关监督

（一）审计机关监督

审计机关是各级政府设立的、对本级各部门以及下级政府预算执行情况和决算，以及预算外资金管理和使用情况进行审计和监督的专门机构。按照审计法律制度的规定，各级审计机关对相应的各级人民政府及其各部门的财政收支、国有的金融机构和企事业单位的财务收支，以及其他应当接受审计的财政收支、财务收支进行审计监督。政府采购主要是使用财政性资金进行的政府采购行为。因此，这种财政性资金支出活动及其相关活动的情况，自然应当接受审计监督。

想一想：

如何评价我国政府采购审计监督的手段和成效？

（二）监察机关监督

监察机关是县级以上人民政府设立的专门行使监察职能的机关，依法履行对国家行政机关、国家公务员和国家行政机关任命的其他人员实施检查职责。根据监察法的规定，监察机关可以依法对参与政府采购活动的国家机关、国家公务员和国家行政机关任命的其他人员实施行政监察监督。

六、社会监督

保证政府采购依照公平、公开、公正原则规范运行，关键在于建立一个全方位、多层次、科学有效的监督制约机制。在做好上述各种监督工作的同时，还需要全社会任何单位和个人的社会监督。由于社会监督的主体和对象具有很强的广泛性，而且不受时间、地点和方式等因素的限制，因此，应当充分发挥社会监督的力量，以保证政府采购法的有效实施，维护国家利益和社会公共利益。

第二节 政府采购监管体制和依据

一、政府采购监管部门和职责

按照政府采购法律法规规定，各级人民政府财政部门是负责政府采购监督管理的部门，依法履行对政府采购活动的监督管理职责。这一规定确定了政府采购的执法主体。

（一）设置依据

将各级人民政府财政部门规定为政府采购的监督管理部门，主要考虑到财政部门具备相应的职能和监督管理条件。

1. 政府赋予的职能。在 1998 年机构改革中，国务院赋予了财政部“拟定和执行政府采购政策”的职能，确立了财政部门为政府采购监督管理部门的地位。

2. 财政部门应有的职能。政府采购是财政支出管理的一项制度。政府采购与财政支出管理是一个事物的两个方面，不可分割，不可替代，是财政部门的内在职能。

讨论一下：

财政部门对政府采购监管最有力的手段是什么？

3. 其他部门替代不了的职能。政府采购是对采购项目的全过程管理，包括编制采购预算，选择采购方式，执行采购程序，拨付采购资金等，其中的预算编制、采购资金拨付等事务是财政部门的职能，其他部门不可替代。

4. 财政部门具有特殊手段。财政部门最有力的手段是采购资金的支付。采购单位不按政府采购法规定开展采购活动，财政部门可以拒绝支付采购资金，从而保证了政府采购工作的全面和规范开展。

（二）监管职责

政府采购法具体规定了财政部门的 10 项监督管理职责，具体包括：

1. 预算管理。如具体编制和执行政府采购预算、编制和执行政府采购计划、支付采购资金等。

2. 信息管理。如指定政府采购信息发布媒体等。

3. 方式管理。主要是审批采购人因特殊情况需要采用招标以外的采购方式。国务院政府采购监督管理部门还可在政府采购法规定的五种方式之外，认定其他采购方式。如协议供货、定点服务等。

4. 合同管理。包括制订合同必备条款和受理合同备案等。

5. 处理投诉。供应商提出投诉的，要受理、审理并及时作出处理。

6. 规定岗位任职要求。包括对政府采购人员的任职要求、资格认证和业务培训。

7. 监督检查。包括对政府采购活动及集中采购机构的监督检查。监督检查的主要内容有：有关政府采购的法律、行政法规和规章的执行情况；采购范围、采购方式和采购程序的执行情况；政府采购人员的职业素质和专业技能，等等。各级财政部门要与其他有关政府部门相互合作，共同做好政府采购的监督工作。

8. 处理违法违规行为。对采购人、采购代理机构和供应商的违法行为进行处理。

9. 处理复议。当事人对监督管理部门的投诉处理不服申请复议的，还应处理行政复议事项。当事人对监督管理部门的处罚不服到人民法院起诉的，还应办理应诉事项。

10. 制定规章。财政部门依法参与制定或单独制定有关实施或监督管理办法。如财政部颁布实施的 18 号令、19 号令、20 号令和 31 号令等。

二、政府采购监管体制

政府采购监督管理体制是指各级政府采购监督管理部门之间关于政府采购活动的责权利划分的基本制度。政府采购监督管理体制是财政管理体制的重要组成部分。政府采购监督管理体制的确定，既要符合财政管理体制规定的原则，又要符合政府采购的目标、要求和基本特点，这样才能使政府采购监督管理体制规范、高效、充满生机和活力，发挥其应有作用。

（一）统一指导，分级管理

“统一指导”是指政府采购监督管理的目标与规划、重大方针与政策以及法律法规和规章的制定等均由中央政府统一制定，统一指导检查全国的政府采购工作。“分级监管”，是指在保持中央统一指导的前提下，赋予各级地方政府一定的政府采购自主管理权限。

确立政府采购监督管理体制，首先要坚持统一指导；同时，又要赋予不同级次政府采购管理机构以一定的监督管理权限，发挥各级政府采购管理部门的作用和积极性。

（二）综合监管与行业监管相结合

综合监管是指财政部门对政府采购的监督管理。行业监管是指对政府采购活动负有监管职责的其他有关部门，主要是指负责招投标活动的行政监督部门。根据国家有关规定：

> **想一想：**
> 如何正确处理好政府采购综合监管与行业监管的关系？

1. 国家发改委负责指导和协调全国的招投标工作。

2. 工业（含内贸）、水利、交通、铁道、民航、信息产业等行业和产业项目的招投标活动的监督执法，分别由经贸、水利、交通、铁道、民航、信息产业等行政主管部门负责。

3. 各类房屋建筑及其附属设施的建造和与其配套的线路、管道、设备的安装项目和市政工程项目的招投标活动的监督，由建设行政主管部门负责。

4. 进口机电设备采购项目的招投标活动的监督执法，由外经贸行政主管部门负责。有关行政主管部门须将监督过程中发现的问题，及时通知项目审批部门，项目审批部门根据情况依法暂停项目执行或者暂停资金支付。

同时规定，从事各类工程建设项目代理业务的招标代理机构的资格，由建设行政主管部门认定；从事与工程建设有关的进口机电设备采购招标代理业务的资格的认定，由外经贸行政主管部门认定；从事其他招标代理业务的招标代理机构的资格，按现行职责分工，分别由有关行政主管部门认定。国家发改委负责组织国家重大建设项目稽查特派员，对其项目招投标进行监督。

政府采购工程在接受财政部门监管的同时，还要接受工程招标的行业管理。

（三）综合监督与纪律监督相结合

纪律监管涉及政府采购活动中的财经纪律和行政纪律，分别由审计机关和监察机关履行监管职责。审计机关主要负责对政府采购监督管理部门、政府采购各当事人的有关政府采购活动进行审计监督，属于事后监督，监督重点是采购资金使用的合法性及有关的财经纪律问题。监察机关主要负责对参与政府采购活动的国家机关、国家公务员和国家行政机关任命的其他人员实施行政监察，也属于事后监督，监督重点是政府采购及公职人员的行为。

三、政府采购监管依据

政府采购活动的监督和管理必须依法进行，这是依法治国在政府采购领域的具体体现。因此，政府采购监督管理的依据是涉及政府采购的相关法律、法规和制度等。

（一）法律

由于政府采购活动涉及的方面非常广泛，由此所形成的法律关系也十分复杂，涉及的法律也比较多，其中，政府采购法是调节政府采购领域法律关系的具有最高法律效力的法律。具体来说，包括以下16项法律：《中华人民共和国政府采购法》、《中华人民共和国招标投标法》、《中华人民共和国预算法》、《中华人民共和国合同法》、《中华人民共和国行政复议法》、《中华人民共和国行政诉讼法》等。

（二）法规

政府采购法规包括以下两个方面：

一是国务院制定的政府采购行政法规。国务院作为最高国家权力机关的执行机关，是最高行政机关，拥有广泛的行政立法权。我国宪法规定，国务院可以根据宪法和法律，规定行政措施，制定行政法规，发布决定和命令。行政法规作为一种法律形式，在我国法律形式中处于低于宪法、法律和高于地方法规、部门规章、地方规章的地位，是在全国范围内普遍使用的。行政法规的立法目的在于保证宪法和法律的实施，行政法规不能与宪法、法律相低触，否则无效。国务院发布的与政府采购活动直接相关的行政法规、决定、命令，主要包括：《中华人民共和国政府采购法实施条例》、《中华人民共和国预算法实施条例》、《建筑工程质量管理条例》、《国家中长期科学和技术发展规划纲要（2006—2020年）》等。

二是地方人民代表大会及其常务委员会制定的政府采购方面的地方性法规。根据《各级地方人民代表大会和地方各级人民政府组织法》的规定，省、自治区、直辖市的人民代表大会以及省、自治区的人民政府所在地的市和经国务院批准的较大的市的人民代表大会有制定地方性法规的权力。由于我国在政府采购立法中坚持统一管理原则，因此，地方权力机关制定政府采购地方法规不是无限制的，而是要严格按照政府采购法律授权行事。

> **讨论一下：**
>
> 国家中长期科学和技术发展规划纲要与政府采购的关系？

（三）规章

政府采购方面的规章制度一般包括两个方面：

一是国务院政府采购监督管理部门制定的政府采购规章，俗称中央制度。根据我国宪法规定，国务院各部委根据法律和国务院行政法规、决定、命令，在本部门的权限内，发布命令、指示和规章。有权制定政府采购部门规章的政府采购监督管理机关是财政部及其他相关部门，其制定的部门规章主要包括：对政府采购法律、法规的具体解释、政府采购监督管理的具体规定、办法等。政府采购监督管理部门制定的规章在全国范围内具有普遍的适用效力，但是，不得与政府采购法律、行政法规相抵触。如财政部发布的《货物和服务招投标管理办法》、《政府采购信息公告管理办法》、《政府采购供应商投诉处理办法》、《政府采购代理机构资格认定办法》等，财政部与监察部联合发布的《政府采购专家管理办法》、《集中采购机构考核管理办法》等。

二是地方政府制定的政府采购规章。根据《地方各级人民代表大会和地方各级人民政府组织法》规定，省、自治区、直辖市以及省、自治区的人民政府所在地的市和国务院批准的较大的市的人民政府，可以根据法律和国务院的行政法规，制定规章。但是，地方政府制定的政府采购的规章，都必须在政府采购的法律、法规明确授权的前提下进行，并且不得与政府采购法律、行政法规相抵触。如某省制定的《××省政府采购管理暂行办法》、《××省政府采购行为规范》等。

第三节 政府采购法与财政管理

一、政府采购法内容

政府采购法内容共分九章八十八条，对政府采购的范围和方式、政府采购当事人、政府采购程序和采购合同、政府采购活动的质疑和投诉、监督检查和法律责任等作出了明确规定。

二、政府采购法与财政管理

政府采购法作为规范财政性资金使用的一部专门法律，其颁布和实施，赋予了财政管理新的内容，对公共财政体制的建立意义重大。

（一）完善了财政管理的法制体系

财政法制建设的内容可分为预算管理类、税收类、国有资产管理类、财务管理类、会计类和财政监督类等六大类。政府采购是市场经济的产物。随着我国社会主义市场经济体制的建立和完善，采购支出产生的政府采购市场逐步形成且规模不断扩大，管理的不规范与市场经济的要求形成巨大反差，迫切要求建立符合社会主义市场经济体制要求的政府采购制度。政府采购法的颁布和实施，是财政法制化建设取得的又一重大成果，是政府采购法制化建设的里程碑，对于加强财政支出管理，增强财政宏观调控功能，促进社会主义市场经济建设，都具有十分重大的意义。

（二）确立了采购支出管理改革的方向和要求

政府采购法是规范采购资金使用的一部法律。按照法律规定，采购资金的使用必须实行政府采购，也就是说，要建立政府采购制度，通过对采购行为的规范来加强财政支出管理。具体来讲，就是要按照市场经济的一般原则和政府采购制度的一般规律，确立我国政府采购的行为规范，规范使用财政性资金开展采购活动应当遵循的基本规则，从而实现加强财政支出管理，提高采购资金使用效益，维护国家利益和社会公共利益，保护政府采购当事人的合法权益，促进廉政建设等目标。

（三）对财政管理工作产生重大影响

政府采购改革将与部门预算和国库集中收付制度齐步改革，形成联动效应。具体表现在：一是改进财政管理办法，减轻支出压力。政府采购制度改革能有效地改变我国长期以来“重预算、轻支出”的管理方法，将财政管理从分配环节延伸到使用环节，由货币管理延伸到实物管理，增强财政支出的市场化操作，提高资金使用的透明度，对于实现财政资源的合理配置，减轻财政支出压力将会产生积极效果。二是支持预算编制改革工作。表现在以下方面：政府采购法的实施，为部门预算改革提供了法律依据；政府采购成为部门预算执行的方式和保障；政府采购的全面推行将进一步促进预算编制改革工作。三是加快国库集中收付制度的改革进程。随着政府采购制度的广泛推行，国库集中收付制度改革在账户管理、支付手段、财务核算等方面会不断扩大范围和加快改革进程。四是丰富财政外交活动。在国际事务中，政府采购是一项非关税贸易壁垒，是双边和多边投资贸易自由化谈判的重要领域。政府采购法的出台和实施，将会在国际上引起广泛的关注，增加我国参与国际磋商、交流和谈判的机会，特别是我国启动加入 WTO《政府采购协议》谈判以后，会极大地丰富我国的财政外交活动。

第四节 违法行为和法律责任

在政府采购法律法规中，针对采购人或者采购代理机构及其工作人员、供应商、政府采购监督管理部门及其工作人员、其他有关单位和个人的不同违法行为，较为全面地规定了具体的法律责任。

一、采购人、采购代理机构的违法行为和法律责任

采购人、采购代理机构是政府采购活动的直接参加者，在政府采购活动中处在关键位置，对政府采购活动的依法进行起着重大作用，应当严格执行法律规定。由于采购人、采购代理机构的违法行为情节轻重不同，所产生的后果有所区别，所应当承担的法律责任相应就要有所区别。

（一）一般违法行为和法律责任

> 讨论一下：
>
> 你在生活当中体会比较深的采购人违法行为有哪些？

1. 一般违法行为。按照政府采购法的规定，采购人、采购代理机构有下列情形之一的，视为一般违法行为：一是应当采用公开招标方式而擅自采用其他方式采购的；二是擅自提高采购标准的；三是委托不具备政府采购业务代理资格的机构办理采购事务的；四是以不合理的条件对供应商实行差别待遇或者歧视待遇

的；五是在招标采购过程中与投标人进行协商谈判的；六是中标、成交通知书发出后不与中标、成交供应商签订采购合同的；七是拒绝有关部门依法实施监督检查的。

2. 法律责任。包括：一是由政府采购监督管理部门和政府其他有关部门责令限期改正。二是由政府采购监督管理部门和政府其他有关部门给予警告。三是由政府采购监督管理部门和政府其他有关部门给予罚款。罚款的具体数额或者幅度，应当按照国务院的规定执行，不得随意罚款。四是由其行政主管部门或者有关机关对直接负责的主管人员和其他直接责任人员，根据违法行为的情节轻重，给予警告、记过、记大过、降级、降职或者开除的行政处分或者其他处分，并给予通报。

（二）严重违法行为和法律责任

1. 严重违法行为。按照政府采购法的规定，采购人、采购代理机构及其工作人员有下列情形之一的，视为严重违法行为：一是与供应商或者采购代理机构恶意串通的；二是在采购过程中接受贿赂或者获取其他不正当利益的；三是在有关部门依法实施的监督检查中提供虚假情况的；四是开标前泄露标底的。

恶意串通，具体包括以下行为：一是供应商从采购人或采购代理机构处获得其他供应商的投标情况，并修改其投标文件的；二是供应商从采购人或采购代理机构处获得评标委员会、竞争性谈判小组或询价小组组成人员情况的；三是供应商之间协商一致压低或抬高报价，谋求使某一供应商获得中标或成交，或事先商定由某一供应商中标、成交，再由该中标、成交供应商给予未中标、成交供应商补偿的；四是两家以上的供应商所提交的投标文件或响应性文件中实质性条款多处出现雷同，供应商未能说明合理理由的。

2. 法律责任。具体包括：

（1）对于采购人、采购代理机构及其工作人员的上述违法行为，构成犯罪的，应当依法追究刑事责任。

（2）对于采购人、采购代理机构及其工作人员的上述违法行为，尚未构成犯罪的，要依法追究下列形式的行政责任。一是由政府采购监督管理部门和政府其他有关部门给予罚款。罚款的具体数额或者幅度，应当按照国务院的规定执行，不得随意罚款。二是由政府采购监督管理部门和政府其他有关部门对采购人、采购代理机构及其工作人员因实施上述违法行为而有违法所得的，应当在依法处以罚款的同时，没收其违法所得。三是由其行政主管部门或者监察机关对属于国家机关工作人员的采购人、采购代理机构的工作人员，依法给予行政处分。

（三）上述两种情况影响中标、成交结果的法律责任

在上述一般和严重的违法行为两种情况下，如果采购人、采购代理机构的违法行为，已经影响或者可能影响中标、成交结果的，应当按下列情况分别处理：

1. 未确定中标、成交供应商的，应终止采购活动。

2. 中标、成交供应商已经确定但采购合同尚未履行的，撤销合同，从合格的中标、成交候选人中另行确定中标、成交供应商。

3. 采购合同已经履行，给采购人、供应商

> **想一想：**
>
> 制造商和其授权的代理商同时参加投标算什么行为？

造成损失的，由责任人承担赔偿责任。

应该引起特别注意的是，通过多年来政府采购法的实践证明，采购人或者采购代理机构又出现了一些新的违法行为，必须按其行为对机构或者人员按照法律规定进行处理和处罚。这些行为包括：

一是未按规定编制政府采购实施计划的；二是对于自行采购项目未按照政府采购法规定的方式和程序实施采购的；三是对纳入集中采购目录属于通用的政府采购项目不依法委托集中采购机构采购的；四是未按照规定在评标委员会或谈判、询价小组推荐的中标、成交候选人中确定中标、成交人的；五是签订的政府采购合同的实质性内容与采购文件不一致的；六是收取履约保证金的；七是擅自变更、解除或终止政府采购合同，或追加与合同标的相同的货物、工程和服务的采购金额超过原合同金额 10% 的；八是未经财政部门审核同意采购进口产品的；九是未依法在指定媒体上发布政府采购信息的；十是未落实优先或强制政府采购政策的；十一是未依法在政府采购评审专家库中抽取专家的；十二是在邀请招标、竞争性谈判和询价采购中，未按规定程序进行资格预审或选择供应商的；十三是未在规定时间将政府采购合同副本报同级政府采购监督管理部门和有关部门备案的；十四是未按规定组织对供应商履约情况进行验收的；十五是对供应商的质疑逾期未作处理的，等等。

（四）采购人不委托集中采购代理机构的法律责任

按照法律规定，采购人对应当实行集中采购的政府采购项目，不委托集中采购机构实行集中采购的，由政府采购监督管理部门责令改正；拒不改正的，停止按预算向其支付资金，由其上级行政主管部门或者有关机关依法给予其直接负责的主管人员和其他直接责任人员处分。

（五）采购人未公布采购标准和采购结果的法律责任

法律规定，采购人未依法公布政府采购项目的采购标准和采购结果的，责令改正，对直接负责的主管人员依法给予处分。

（六）采购人、采购代理机构违反采购文件保存规定的法律责任

采购人、采购代理机构违反政府采购法规定隐匿、销毁应当保存的采购文件或者伪造、变造采购文件的，由政府采购监督管理部门处以 2 万元以上 10 万元以下的罚款，对其直接负责的主管人员和其他直接责任人员依法给予处分，构成犯罪的，依法追究刑事责任。

> **讨论一下：**
>
> 对采购人违法行为的处理会存在哪些阻力？

（七）采购代理机构在代理政府采购业务中违法所应承担的法律责任

采购代理机构在代理政府采购业务中有违法行为的，按照有关法律规定处以罚款，可以依法取消其进行相关业务的资格，构成犯罪的，依法追究刑事责任。

应当注意的是，集中采购机构虽然属于采购代理机构，但是与其他采购代理机构相比，具有一定的特殊性，其代理集中采购目录以内的政府采购项目的采购业务资格不宜取消。对在代理政府采购业务中有违法行为的采购代理机构，政府采购监督管理部门有权依照有关法律规定处以罚款。

采购代理机构在代理政府采购业务中有违法行为，构成犯罪的，依法追究刑事责任。

（八）集中采购机构在业绩考核中违法所应承担的法律责任

按照法律规定，集中采购机构在政府采购监督管理部门考核中，虚报业绩，隐瞒真实情况的，处以2万元以上20万元以下的罚款，并予以通报；情节严重的，取消其代理采购的资格。

需要注意的是，集中采购机构是由有关人民政府批准设立的，政府采购监督管理部门不得擅自取消集中采购机构代理采购的资格。

二、供应商的违法行为和法律责任

供应商是政府采购活动的重要参加者，其最终目的是希望中标、成交，获得经济利益。为了达到这一目的，在参加政府采购项目的采购活动中，有的供应商就可能采取各种非正当的方式和手段，甚至会出现犯罪行为。因此，必须对供应商的违法行为给予应有的惩处。

（一）违法行为

1. 提供虚假材料谋取中标、成交的。
2. 采取不恰当手段诋毁、排挤其他供应商的。
3. 与采购人、其他供应商或者采购代理机构恶意串通的。
4. 向采购人、采购代理机构行贿或者提供其他不正当利益的。
5. 在招标采购过程中与采购人进行协商谈判的。
6. 拒绝有关部门监督检查或者提供虚假情况的。

（二）法律责任

1. 供应商提供虚假材料谋取中标、成交；采取不正当手段诋毁、排挤其他供应商；与采购人、其他供应商或者采购代理机构恶意串通；向采购人、采购代理机构行贿或者提供其他不正当利益；或者在招标采购过程中与采购人进行协商谈判。

2. 供应商有上述违法行为之一的，应当承担下列形式的法律责任：

（1）罚款。可对其处以采购金额5‰以上10‰以下的罚款。

（2）禁止参加政府采购活动。供应商违反以上规定，要被列入不良行为记录名单并在政府采购媒体上予以公布，在1—3年内禁止参加政府采购活动。供应商被列入不良行为记录名单，不仅在1—3年内禁止参加政府采购活动，而且会严重影响企业的名声，对企业今后的经营和发展带来严重的影响。

（3）没收违法所得。供应商实施以上违法行为并有违法所得的，除对其作出以上处罚外，还要没收其违法所得。

（4）吊销营业执照。供应商违反以上规定，情节严重的，由工商行政管理机关吊销其营业执照。政府采购监督管理部门等部门在实施监督检查过程中，发现供应商违法行为情节严重的，应当建议有关工商行政管理机关吊销其营业执照，但不能自行吊销。

> **讨论一下：**
>
> 哪些部门有权对政府采购监管部门的工作人员进行处理？

（5）依法追究刑事责任。供应商违反以上规定，构成犯罪的，应当由司法机关依法追究刑事责任。

三、政府采购监管部门和工作人员的违法行为和法律责任

（一）工作人员在实施监督检查中违法所应承担的法律责任

政府采购监督管理部门的工作人员在实施监督检查中违反政府采购法规定滥用职权、玩忽职守、徇私舞弊的，依法给予行政处分；构成犯罪的，依法追究刑事责任。

执行中应注意的是，法律对政府采购监督管理部门的有关人员给予什么样的行政处分，并未明确，实际操作中，关键在于看其行为情节的轻重。情节比较轻微，未造成后果的，可以从轻给予行政处分，如给予警告、记过、记大过等行政处分；情节比较严重，尤其是对有主观故意的、应给予降职或者开除的行政处分。

（二）监管部门对供应商投诉逾期未作处理所应承担的法律责任

政府采购监督管理部门对供应商的投诉逾期未作处理的，给予直接负责的主管人员和其他直接责任人员行政处分。

执行中需要注意的是，给予政府采购监督管理部门直接负责的主管人员和其他直接责任人员行政处分的规定，可以由接受投诉的政府采购监督管理部门作出，也可以由有关监察机关作出。

（三）监管部门在对集中采购机构业绩考核中违法所应承担的法律责任

政府采购监督管理部门对集中采购机构业绩的考核，有虚假陈述，隐瞒真实情况的，或者不作定期考核和公布考核结果的，应当及时纠正，由其上级机关或者监督机关对其负责人进行通报，并对直接负责的人员依法给予行政处分。

四、其他有关单位和个人的法律责任

政府采购法规定，任何单位或者个人阻挠和限制供应商进入本地区或者本行业政府采购市场的，责令限期改正；拒不改正的，由该单位、个人的上级行政主管部门或者有关机关给予单位责任人或者个人处分。

执行中需要注意的是，政府采购监督管理部门发现有阻挠和限制供应商进入本地区或者本行业政府采购市场行为的，应当依法责令有关单位和个人限期改正，或者提请有关人民政府、行政主管部门责令其限期改正；对拒不改正的，应当建议该单位、个人的上级行政主管部门或者有关机关给予处分，有关行政主管部门或者有关机关应当将处理结果告各政府采购监督管理部门。

思考题

1. 简述政府采购监督体系的内容。
2. 简述政府采购监管部门的职责。
3. 政府采购监管部门对政府采购当事人监督的内容是什么？
4. 我国政府采购法的内容是什么？

案例分析

供应商在政府采购活动中存在种种不良行为，主要概括为以下五个方面：

一是用不正当手段获取准入资格。为了得到采购方的青睐和认可，有很多供应商采用各种不正当的方法骗取准入资格，进入供应商库。有的供应商在招标和谈判中提供虚假情况，串通、诋毁、排挤其他供应商，以及采用其他不正当竞争手段，来获得认证资格；有的供应商则在采购前期过程中向有关采购人员、评审专家、竞争性谈判竞价和询价小组成员等行贿或提供其他不正当利益以获得采购标的等相关信息，或直接获得采购项目。

二是提供虚假材料获取中标。供应商为在政府采购活动中获得成功，采用商业贿赂、提供虚假材料，围标、串标等不正当手段，拉拢腐蚀采购单位、采购代理机构和采购评审专家，谋求中标或成交。

三是不按照合同进行生产。一些供应商在获得采购合同之后，为了经济、物质等各种利益，未依照采购规定办事。主要表现在：有些供应商擅自更改图纸和技术质量标准，随意改变生产工艺；有些供应商在生产过程中，偷工减料，用半成品、残次品冒充成品；有些供应商因质量管理体系不健全，质量管理制度不落实，造成产品质量不合格或延误交货期；有些供应商发现严重质量问题或功能缺陷，但是因心存侥幸或者不以为然而隐瞒不报；有的供应商利用验收人员不懂技术等因素，以次充好、变更内部设备。

四是不按投标时的承诺履行合同。在采购过程中，供应商采取各种手段，对采购单位工作不予配合或消极配合。有些供应商在中标或洽谈成交后，无正当理由不与采购人按时签订合同；一些供应商则在采购招标中标和签署合同之后，不按双方约定履行采购合同，同时对待采购机构的监督和管理也采取不配合态度；一些供应商在报价过程中，有意加大生产成本提供虚假凭证资料、牟取暴利；还有一些供应商在采购合同生效期间，违反其他法律、法规。

五是供应商售后服务不到位。不按照中标合同书上的规定履行义务，或者投机钻营，利用制度缺陷服务不到家，或者擅自降低服务质量和水平。或者由于此次中标是“一锤子”买卖，短时间不再与采购方打交道，当采购方遇到采购货物质量售后等其他问题时，采取回避、推托、冷漠或置之不理的态度等。

案例思考：你如何看待上述行为？应该采取什么措施防止或者避免上述现象？

主要参考书目

1. 肖捷:《中华人民共和国政府采购法辅导读本》,经济科学出版社 2002 年版。
2. 张通:《中华人民共和国政府采购法讲座》,经济科学出版社 2003 年版。
3. 岳胜利、韩宗保:《政府采购教程》,中国财政经济出版社 2001 年版。
4. 陈锡桃:《深圳政府采购实践与探索》,海天出版社 1999 年版。
5. 楼继伟:《政府采购》,经济科学出版社 1998 年版。
6. 孟春:《政府采购理论与实践》,经济科学出版社 2001 年版。
7. 齐小乎、沈建阳:《政府采购知识读本》,中国财政经济出版社 2001 年版。
8. 冯之楹、何永:《项目采购管理》,清华大学出版社 2000 年版。
9. 何伯森:《工程招标承包与监理》,人民交通出版社 1995 年版。
10. 财政部国库司:《财政国库管理制度改革试点资料汇编》,中国财政经济出版社 2001 年版。
11. 吴俊培、许建国:《现代财政学》,中国财政经济出版社 2001 年版。
12. 王国星、韩宗保:《财政与金融》,中国财政经济出版社 2007 年版。
13. 刘尚希:《政府采购制度研究文集》,经济科学出版社 2000 年版。
14. 吴俊培:《公共财政研究文集》,经济科学出版社 2000 年版。
15. 马海涛:《国库集中收付制度问题研究》,经济科学出版社 2000 年版。
16. 贾康、苏明:《部门预算编制问题研究》,经济科学出版社 2000 年版。
17. 财政部预算司:《政府收支分类改革问题解答》,中国财政经济出版社 2006 年版。
18. 金人庆:《中国财政政策理论与实践》,中国财政经济出版社 2006 年版。
19. 贾康、苏明:《部门预算编制问题研究》,经济科学出版社 2004 年版。
20. 高志坚:《政府预算管理》,经济科学出版社 2006 年版。
21. 孙开:《财政体制改革问题研究》,经济科学出版社 2004 年版。
22. 吴梦龙:"电子化采购——中国政府采购的发展趋势",中国政府采购网,2006 年 2 月。
23. 潘玉欧、张桂荣:"浅谈政府采购协议供货方式",中国政府采购网,2007 年 3 月。

24. 詹静涛：《市场经济国家政府采购制度基本概况》，经济科学出版社 2005 年版。

25. 苏明：《政府采购》，中国经济出版社 2003 年版。

26. 财政部预算司：《深化部门预算改革，建立公共财政体制》，中国财政经济出版社 2006 年版。

27. 财政部国库司：《2007 年部门预算报表编制手册》，经济科学出版社 2007 年版。

28. 河南省财政厅：《河南省政府采购制度汇编》，2008 年 6 月。

29. 朱钟棣：《WTO 知识培训教程》，经济科学出版社 2002 年版。